看了明朝就明白

王春瑜 著

海天出版社

· 深圳 ·

王春瑜漫画像　丁聪画

王春瑜漫画像　叶春旸画

陆放翁有诗曰:"勿言牛老行苦迟,我今八十耕犹力。"读此诗,我感到特别亲切。我属牛,今年刚好八十。童年乡居,曾与牛同居一屋(敝乡直呼牛屋),深夜,老牛之叹息声,令我心酸。一九五八年,大刮"共产风",邻村一位生产队长,仅付五元所谓解绳费,即将牛牵走。家母长叹一声,对牛说:老牛,从此你不姓王,姓公了!老牛听了,顿时泪如雨下,家母连连叹息,家父赶忙又喂了老牛一些草料,才只好与它依依惜别。我珍视、眷恋老牛,颜书斋曰老牛堂,遂请王元化前辈书匾,悬于书房,朝夕相对。时时告诫自己,毋忘老牛之朴实、韧性精神,耕耘不止。

感谢深圳海天出版社,将不才四本旧作《续封神》《漂泊古今天地间》《看了明朝就明白》《新世说》重印。这四本书，与我的其他书一样，都是我在老牛堂辛勤耕耘的结果。今后，我当继续耕耘，与读者共享"稻花香里说丰年"的喜悦。

2017年中秋节后第三天

于老牛堂

2004年，我在京中一次文友的聚会上，与武汉作家、以出版长篇历史小说《张居正》享誉文坛、近日更荣获茅盾长篇小说奖榜首的熊召政先生聊明史，甚投机，便脱口而出："我要写一部明朝的书，书名就叫《看了明朝就明白》。"素以捷才见称的熊先生立即说："好啊！我也要写一部书，书名叫《看了明朝不明白》。"我俩不禁哈哈大笑。

这是开玩笑吗？否。

我国史学界习惯上把1840年作为中国近代史的开端。但西方史学界认为明朝的建立，就标志着中国近代的开始。要了解中国，就要首先了解中国近代。因此，研究中国明史，在西方成为一门显学。20世纪80年代初期，美国驻华大使恒安石，曾请中国社会科学院历史研究所科研处邀专家给他开一批明史参考书目，后来找到我，就是由我开的。从明朝中叶开始，西方已开始逐步走上工业化的道路，酝酿着掀起第一波全球化浪潮。而当时的明朝在忙什么呢？读者看了本书的《朱棣制造的政治泡沫》就会明白，虽然我们在航海技术上，本来在全世界都居于领先地位，但皇帝以天子——老天爷的天字第一号骄子自居，把宣扬封建专制王朝的国威看成是头等大事，不知浪费了多少人力、物力！我们终于被历史潮流抛在后面，落伍了！

读了本书，读者就会明白，明朝曾经创造了何等辉煌的农业、手工业、商业、文化艺术。但是，明中叶后，腐败日益猖獗，贪污受贿像瘟疫一样在全国蔓延，官吏骄横不法，骑在百姓头上作威作福；虽然出了个杰出的改革家张居正，开创了万历新政的大好局面，但随着张居正的英年辞世，人亡政息，政治、经济、军事腐败又卷土重来，并变本加厉，大明王朝终于迅速走向灭亡。腐败导致崩溃。"笙歌西第留何客，烟雨南朝换几家。"明朝又一次重复着历代王朝走向末路的轮回。历史的警钟，难道对今天的我们，不正是起着警示作用吗？

不了解历史的人，总以为历史是老古董，离今天很遥远。其实不然。读了本书您就可以明白：今天我们常常挂在嘴边上的"开门七件事""三百六十行""父母官"等等，是在几百年前的明朝，才定型，成为千家万户的口头语的；在国破家亡时奋起抗争，反抗压迫，不屈不挠，坚持民族气节的顾炎武、金堡等人的高风亮节，不正是我们今天提倡的爱国主义传统吗？在现实社会中，总是精华与糟粕杂陈，龙麟伴狗毛齐飞。昨天、前天、前天的前天，也莫不如此。读了本书的《"由你奸似鬼，吃了老娘洗脚水"——蒙汗药之谜》《"黑漆漆装下了陷人坑，响当当直说出瞒天谎"——明朝的流氓与流氓意识》等文，读者就会明白：今天的江湖上，仍不断有人用蒙汗药迷人、作案，今日的流氓、黑社会五花八门的诈骗术，与明朝的社会现象何其相似乃尔！谁说明朝遥远？明朝仿佛就在昨天，就在眼前。

从粉碎"四人帮"，我获得平反，重新研究明史，握笔为文，至今写下的明史札记、明史小品，已逾百万字。现在选出若干篇，精心修订，编成本书。写作这些文字时，我力求雅俗共赏。"通古今之变"的太史公、我的祖师爷——"笔端常带感情"的梁任公（1873—1929）及导师陈守实教授 [按：我在20世纪60年代负笈复旦大学历史系研究生班时，导师是陈守实教授（1893—1974），他是20年代清华研究院的研究生，主攻明清史，导师便是梁任公]，永远是我学习的榜样。他俩是历史学家，也是文学家，真正体现了熔文史于一炉。我用散文、随笔的笔调写作读史札记，用我开杂文专栏的笔名金生叹给每一篇明史札记写短评，目的只有一个：增加思想性、学术性、可读性，拉近历史与现实的距离。我一向认为，历史学家的作品，应当"飞入寻常百姓家"（我还专门请人刻了一枚闲章）。如果历史作品仅在史学圈内孤芳自赏，那是一种悲哀。

　　我究竟写得怎么样？相信读者看完《看了明朝就明白》，就明白了。

王春瑜

2005年4月25日于京西西什库老牛堂

2006年3月3日再定稿于灯下

壹 人物浮沉 / 001

贰 社会百相 / 087

壹

人物浮沉

明朝特种监狱——诏狱

　　《诏狱惨言》是一本只有14页的小书，收在"指海"丛书第五函中。作者为了隐姓埋名，署"燕客具草撰"；但实际上，是时人顾大武的手笔。这本书很值得一读。透过它所记录的使明末清初不少读者"发指眦裂"的血腥事实，300多年前极端专制主义君权统治下的特种监狱——诏狱的罪恶种种，便重新展现在我们眼前。

　　何谓诏狱？新版《辞海》解释说，即"皇帝诏令拘禁犯人的监狱"。这个解释是比较贴切的。当然，跟封建专制主义锁链上的种种"国粹"一样，诏狱并非明代的"特产"，而是资格甚老，古已有之。史载"绛侯周勃有罪，逮诣廷尉诏狱"（《汉书·文帝纪》）。可见汉文帝时已设诏狱。当然，在汉代以后的朝代，有时也把奉皇帝诏书审讯的案件，称为诏狱。但比起《诏狱惨言》中所述明末的诏狱来，真是小巫见大巫了。

　　《诏狱惨言》记的是"天启乙丑杨、左六君子事"，也就是公元1625年的"六君子"关在诏狱受尽迫害的情景。

所谓"六君子"是指当时已被罢官的副都御史杨涟、佥都御史左光斗、给事中魏大中、御史袁化中、太仆寺少卿周朝瑞、陕西副使顾大章。起先，臭名昭著的阉党头子魏忠贤，拉大旗作虎皮，捏造罪名，把杨涟等六人拖入天启初年曾任内阁中书的汪文言冤案中，捕入诏狱。但是，后来魏忠贤的走卒、大理寺丞徐大化出鬼点子说，仅仅将杨涟等与汪文言挂上钩，不过是坐以已成旧案的罪过，不如"坐纳杨镐、熊廷弼贿，则封疆事重，杀之有名"（《明史》卷306《贾维华传》）。这样，杨涟等人就分别被诬陷为接受熊廷弼贿赂及导致明军在关外与后金（清）之战中丧师辱国的罪名，实在是"罪莫大焉"（按：熊廷弼被杀，本身就是个大冤案）。更可怕的罪名既已定下，更残酷的迫害就必然接踵而来。请看：

　　次日之暮，严刑拷问诸君子。虽各辩对甚正，而堂官许显纯（按：魏忠贤的干儿子，其手下"五彪"之一）袖中已有成案，第据之直书具疏以进。是日诸君子各打四十棍，拶、敲一百，夹杠五十。

　　七月初四日比较（即审问、用刑），六君子从狱中出……一步一忍痛声，甚酸楚。……用尺帛抹额，裳上脓血如染。

　　十三日比较。……受杖诸君子，股肉俱腐。

　　十九日比较。杨、左、魏俱用全刑。杨公大号而无回声，左公声呦呦如小儿啼。

二十四日比较。刑毕……是夜三君子（按：杨涟、左光斗、魏大中）……俱死于锁头（按：狱卒之头）叶文仲之手。

二十八日……周公（朝瑞）至大监，不半时许，遂毙郭贼之手。

限于篇幅，我们不便详细摘抄《诏狱惨言》中杨涟等所受的种种折磨，以及书内对诏狱中各种刑具的介绍。但仅从上述的节录中，我们也不难看出，在审问之前，审问官"袖中已有成案"，早已编造好假口供，审问完毕，便"具疏以进"，直接报给皇帝；堂堂国家大臣被任意诬陷、逼供、索款、拷打、暗杀，一个个都惨死于诏狱之中。

人们不禁要问：明代有完备的司法机关，即刑部、大理寺、都察院（简称三法司），在审讯杨涟等人的过程中，为什么不能过问？这是因为，诏狱是由皇帝亲自操纵的特务机关——锦衣卫直接把持的，谁也奈何不得。凡是诏狱关押的人犯，三法司谁也不敢问津。《明世宗实录》曾慨乎言之："国家置三法司以理刑狱，其后乃有锦衣卫镇抚司专理诏狱，缉访于罗织之门，锻炼于诏狱之手，裁决于内降之旨，而三法司几于虚设矣。"唯其如此，诏狱比起一般监狱来，才显得更加暗无天日。诏狱中的一件件冤案，"举朝莫不知其枉，而法司无敢雪其冤"（《祁彪佳集》卷1）。"法官非胆力大于身者，未易平反也"（《万历野获编》卷21）。在诏狱中动辄被害死，固然是司空见惯，谁想要活着出来，真是难于上青天。万历年间，诏狱中不仅关了几百人，狱中"水火不入，疫疠之气充斥图圄"（《明史·刑法志》三）。有些人竟然一关就是几十年。钱若赓在礼部任职期间，因在选妃时得罪了神宗皇帝朱翊钧，朱便想找个机会把他杀掉。后钱若赓出任临江知府，被诬为酷吏，由朱翊钧亲自下令，投入诏狱。钱若赓结果坐牢达37年之久，终不得释。他的儿子钱敬忠成进士后，连连上疏鸣冤，读来真是字字血泪："臣父下狱时，年未及四十，臣甫一周岁，未有所知。祖父祖母，年俱六十，见父就狱，两岁之中，相继断肠而死。……止余臣兄弟三人，俱断乳未几，相依圜土。父以刀俎残喘，实兼母师之事。父子四人，聚处粪溷之中，推燥就湿，把哺煦濡……臣父三十七年之中……气血尽衰……脓血淋漓，四肢臃肿，疮毒满身，更患脚瘤，步立俱废。耳既无闻，目既无见，手不能运，足不能行，喉中尚稍有气，谓之未死，实与死一间耳！"（《鲒埼亭集》卷6）幸亏钱敬忠上疏时，朱翊钧已经寿终正寝，明熹宗朱由校总算动了一点恻隐之心，把仅剩一口气的钱若赓释放，才没有死在诏狱内。本来封建时代所有的监狱都是人间地狱，但在明代，凡是偶有从诏狱中被转到刑部监狱中的犯人，对比之下，竟觉得刑部监狱简直就是天堂了。明末瞿式耜就曾经写道："往者魏（忠贤）、崔（呈秀）之世，凡属凶网，即烦缇骑，一属缇骑，即下镇抚，魂飞汤火，惨毒难言，苟得一送法司，便不啻天堂之乐矣。"（《瞿忠宣公集》卷1）显然，比起刑部监狱这座人间地狱来，诏狱的惨无人道，实在是第十八层地狱！

杨涟等人被魏忠贤之流的阉党关进诏狱，受尽凌辱、酷刑，惨死狱中，不能不是个莫大的悲剧。特别是杨涟，他曾经上疏弹劾魏忠贤24条大罪，认为"寸磔忠贤，不足尽其辜"（《杨大洪先生文集》卷上），确实是个忧国忧民、嫉恶如仇的铁骨铮铮之士。但是，包括杨涟在内的"六君子"，无一不是封建社会的愚忠。杨涟在狱中写下的血书里，固然有"大笑大笑还大笑，刀砍东风，于我何有哉"（《碧血录》，第7页）以抒愤懑，但是，他在临死前写的《绝笔》中，仍然坚信"涟死非皇上杀之，内外有杀之者。雷霆雨露，莫非天恩……以身之生死，归之朝廷"（《碧血录》第2~3页）。明孝宗（朱祐樘）弘治十八年（1505）李梦阳在诏狱中写下的"昔为霜下草，今为日中葵。稽乎沐罔极，欲报难为词"（《空同诗集》卷6，第4页）的诗句，可以说写出了明代所有关在诏狱中的那些忠而获咎者的心声。杨涟辈对魏忠贤恨之入骨，但魏忠贤难道不正是假天启皇帝朱由校至高无上的皇权，才得以逞凶肆虐，作恶于诏狱之中，流毒于普天之下的吗？就此而论，杨涟至死还在叨念天恩，同样也不能不是个莫大的悲剧。

《诏狱惨言》是一面历史的镜子。它从一个侧面，照出了封建社会法外之法的可憎可怖，从而揭示了像《大明律》那样严密的法典，以及三法司那样完备的司法机关，在皇帝特设的诏狱面前，不过是一纸空文，形同摆设；它更是明代大肆膨胀、高度发展的皇权，在进一步强化封建专制主义过程中，充分暴露的腐朽、野蛮、残酷的一个缩影。听一听300年前杨涟等人在诏狱中凄厉呼喊、悲痛呻吟的惨言，对于我们了解封建专制主义的危害，是不无裨益的。

金生叹先生曰："文化大革命"中，公、检、法几被砸烂，"四人帮"控制的专案组，疯狂迫害刘少奇、彭德怀、贺龙等老革命，几是变相的诏狱。在去年《炎黄春秋》召开的一次座谈会上，我曾听老前辈李锐说，他被关在秦城监狱时，经常听到陆定一惨呼："我冤枉啊！"凌云（国家安全部前部长）说："当时我也是陆定一号房的邻居，还听到他经常唱《苏武牧羊》。"呜呼！

2005年3月14日

明清神化皇帝一瞥

随着在"文化大革命"期间中国清朝最后一个皇帝溥仪先生的郁郁而终，中国的历代皇帝似乎已经是一个遥远的梦。其实，就拿明清两朝来说，自从明成祖朱棣将首都从南京迁到北京，共计有24个皇帝先后在故宫里称孤道寡、叱咤风云、悲欢离合、生老病死。其中的少数皇帝，如明朝永乐皇帝、弘治皇帝、崇祯皇帝，以及清朝康熙皇帝、雍正皇帝、乾隆皇帝这几位，头脑还比较清醒，其余的，多半生活在梦中。虽然他们也吃喝拉撒，但头上闪耀着不管是人眼还是狗眼谁也看不见，却又神乎其神、圣乎其圣的"君权神授"的光圈，于是在很长时期内，皇帝成了神，让人诚惶诚恐，不敢仰视。

朱元璋像。故宫博物院藏。

朱元璋的另一幅传世画像，故宫博物院藏。史家看法不一。有人认为史载朱元璋相貌奇伟，此画像接近本人。也有人认为，此画像丑、怪，是朱元璋让人故意画成这样，迷惑世人，是防身的手段。

就拿明太祖朱元璋来说吧。本来他家穷得上无片瓦、下无寸土，几乎连裤子也穿不上，是个讨饭的困难户，小时候为混口饭吃，只好替大户人家放牛，后来干脆到皇觉寺这座庙里当了小和尚，苦度光阴，是再凄惶不过的小民百姓了！可是，等到他率领一帮子穷哥们，把脑袋别在裤腰带上，参加红巾军造反，推翻了元朝，一筋斗翻到天上，一屁股坐到大明王朝的第一把交椅上，当上了开国皇帝后，很快就被人大大神化起来。常言道："泥菩萨越涂越亮，老母猪越吹越壮。"据明朝嘉靖年间王文禄写的《龙兴慈记》这本书记载，明朝初年就掀起了造神运动，一会儿说朱元璋离开娘胎时，"屋上红光烛天"，皇觉寺的和尚看了大吃一惊，以为是失火了，第二天才知道是朱元璋出世；一会儿说朱元璋当了小和尚后，不知道是患了多动症，还是别的臭毛病作怪，经常捅娄子，当家和尚忍无可忍，下令把他捆起来，丢

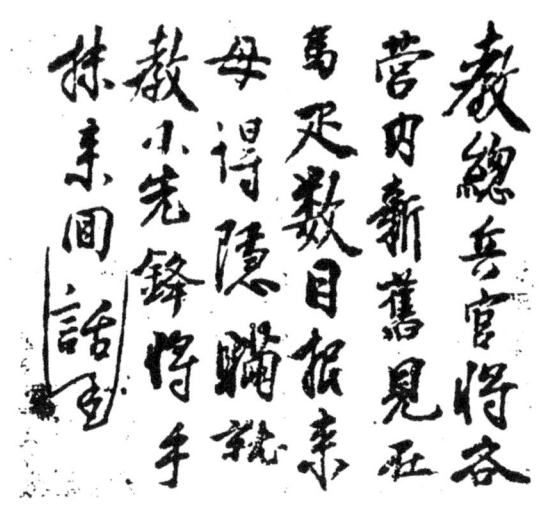

朱元璋书《亲笔信》。故宫博物院藏。

朱元璋在北宋著名画家李公麟(1049—1106)临摹唐代画马名家韦偃《牧放图》上的题跋。故宫博物院藏。

太和殿内皇帝宝座。见《紫禁城》总
第122期。

在台阶下。没想到朱元璋居然作了一首诗，大声念道："天为罗帐地为毡，日月星辰伴我眠。夜间不敢长伸脚，恐踏山河社稷穿。"其实，这时候的朱元璋，斗大的字也不识几个，怎能作诗？不过是造神的吹鼓手编造的牛皮而已。

甘蔗越嚼越甜，神话越编越玄。又说朱元璋当放牛娃时，人小胆大，公然杀掉一头小牛，煮熟吃了，却把牛尾巴插在地上，骗主人说：地上突然裂了一条缝，小牛陷进去了。主人拔牛尾巴，结果尾巴陷入地中，主人深信不疑。更神的是，朱元璋当上小和尚后，在庙里打扫卫生，用扫帚敲敲伽蓝像，说："缩脚！让我扫地。"伽蓝立刻就把脚缩起来。老鼠啃了佛像前的蜡烛，元璋大怒，责怪保驾护航的护法神伽蓝光受香火不管事，在他的背上写了"发去三千里"几个字，夜里老和尚梦见伽蓝来辞行，说："当今新皇上发配我三千里。"第二天早上，老和尚见伽蓝背上有字，追问朱元璋，朱元璋说："我是开玩笑的。现在我把伽蓝放了！"晚上，老和尚又梦见伽蓝来道谢，感谢朱元璋的宽大发落。同样神乎其神的是，当时江淮大地上流言四起，盛传要接新天子，朱元璋好奇，也站在一块倒在地上的石碑趺石龟背上眺望远方，石龟居然向前爬了十几步！如此等等，不断涂、不断吹的结果，朱元璋也就由人变成神，成了人间活菩萨，并且越来越亮，越来越壮。

皇帝被神化的一个重要标志，是成了龙，穿着绣有张牙舞爪金龙的袍子叫龙袍，坐着刻上龙的椅子叫龙椅，皇帝哈哈一乐叫龙颜大悦，皇帝绷紧老脸叫龙颜大怒，皇帝见阎王老子去了叫龙驭上宾，甚至干脆把朝廷就叫作龙廷。虽然，把皇帝与龙画上等号的把戏，秦汉就开始了，但这套把戏要得最熟练、达到登峰造极水平的，还是明清两朝的皇帝。

说不尽的朱元璋。他坐了龙廷后，曾亲自写了一篇《周颠仙人传》（见丛书《纪录汇编》卷6），把一个疯和尚周颠，说得比济公活佛还神。此人神神叨叨，到处"告太平"。朱元璋当年攻打南昌时，周颠也来"告太平"，唠唠叨叨，朱元璋听烦了，叫人拿缸把他盖住，用柴禾围住放火烧，烧了三次，掀开缸看，周颠只出了一点汗。以后打九江，攻安庆，周颠说胜就胜，要风有风，简直是诸葛亮第一。更叫人佩服的是，十多年后，朱元璋害了热病，差点死了，后来

明成祖朱棣（1403—1424在位）像。故宫博物院藏。

吃了周颠仙和叫天眼尊者的道士送来的药，服下去，当晚病就好了。您瞧，这多神，多灵！皇帝的话是一句顶一万句的，何况他亲自写的文章。朱元璋的文章一发表，周仙人的名字就家喻户晓了。而很快另一个神话又沸沸扬扬传开了：说朱元璋生病，派人到匡庐天池山顶上找到周颠仙，要他遍查天上二十八星宿的办公室，发现只有一个星宿的屋子里空无一人，有条蛟龙，耷拉着头，无精打采，还流着血。周颠仙说，"此世主也"（见王文禄：《龙兴慈记》），也就是说这是朱元璋，原来人家是天上的蛟龙下凡的！明清皇帝虽不同，但是无人不称龙。故宫太和殿里形形色色的龙，一共有多少？恐怕谁也数不清！据不完全统计，太和殿内外的龙纹、龙雕等各种各样的龙，有13844条之多，群龙飞舞，真让人眼花缭乱。而每当皇帝上朝时，乐声大作，香烟袅袅，万岁之声，不绝于耳。这一切都为了显示：皇帝是真龙天子，是神不是人！

　　但是，一切神都是人造的幻影，何

况区区皇帝。什么龙裔凤胄，龙子龙孙，都是扯淡。常言道：
"皇帝也是人养的。"一样的肉眼凡胎，一样的七情六欲。
与常人不同的是，他们手中握有至高无上的绝对权力，而
且绝对不容分割，总想把家天下一代一代传下去，重复做
着秦始皇的千年皇帝梦。为此，他们不惜制造冤狱，株连九
族，切人头如切西瓜。朱元璋在明朝初年，为纠正元末社会
积弊，不惜矫枉过正，实行恐怖政策，大搞法外法，滥施酷
刑，剥皮、抽筋、钩肠、火烙、水煮、凌迟——也就是千刀万
剐，无所不用其极。

　　据野史记载，开国名将常遇春之妻是个醋婆子，不让
丈夫与朱元璋所赐的两个宫女同房，朱元璋知道后大怒，
派人将其妻杀死，剁成一块一块，分赐功臣，并写上"悍妇
之肉"。常遇春知道后，惊恐成疾，得了癫痫这个不治之症。
（见王文禄：《龙兴慈记》）朱元璋更"炮打功臣楼"，把
开国元勋、功臣宿将，几乎一巴掌全打下去。最荒谬的是，
朱元璋将封为韩国公的左丞相李善长强拉硬扯到宰相胡
惟庸的大案中，诬陷他谋反，杀他，并将他的妻女弟侄家
70多人统统杀死，而可怜李善长已经是77岁的老人！（潘柽
章：《国史考异》卷3）事后，深得朱元璋赏识的著名才子解
缙，曾上书为李善长喊冤辩诬，驳得朱元璋哑口无言，但李
善长一家，早已是"血污游魂归不得"了！廷杖——动不动
用大棒把大臣的屁股打得皮开肉烂，甚至当场打死，虽然

前朝就有，但到了明朝中叶，几乎成了朝廷的家常便饭，充分暴露了皇帝的残忍歹毒。不过，最能反映皇帝心狠手辣的，还是凌迟的酷刑。按照规定，凌迟刀数为3357刀，头一天先剐357刀，剐出的肉片如大指甲般大小。第二天再剐，如果犯人提前死了，就要反坐刽子手。明武宗时的大宦官刘瑾就是这样被处死的，真个是让他不得好死。据明朝人张文麟写的《端岩公年谱》记载，刘瑾先一天被割了357刀后，便押回牢中，还能喝一碗粥，第二天又被押赴刑场再割，直至痛苦到极点，一命呜呼，真是太不人道了！清朝顺治十八年，江南兴起政治大案，叫"哭庙案"，著名才子金圣叹等十八位知识分子，被强加谋逆的罪名，统统处死。处死的方式，除了砍头外，还有令人毛骨悚然的腰斩。有位先生被腰斩后，仍挣扎着以手沾血，在地上大书"惨、惨、惨"三字，真是惨绝人寰。康熙二年，康熙皇帝下令将发生在顺治十八年的湖州庄廷钺著明史案结案，杀了70多人，遇难者中的吴炎，才华横溢，被凌迟而死。临刑前一天，他对前来诀别的弟弟说："我们一定会受到极刑，尸体血肉模糊，怎么辨认？你来收尸时，看到两股上各有一个火字，就是我的尸体。"（清·钮琇：《觚賸》正编卷1《吴觚》上）听到此话的人，无不痛哭流涕。至今我国民间仍流行雍正皇帝用"血滴子"杀人的故事。这种豆棚瓜架下的传闻，似乎不必当真。但是，雍正皇帝的的确确曾经派人到南方去寻求毒药及解毒之方，有关的朱批谕旨，至今在国家档案馆里保存完好，真是铁证如山。例如，雍正三年（1725），他就曾密谕广西巡抚李绂，对流行在贵州苗族中的毒药及解药，派人"密密遍处访询"，"写明乘驿奏闻"。他寻访毒药的目的何在？无非是用来迫害政敌，翦除异己。用毒药害人的皇帝，自五代以来，雍正最为突出，可见民间的种种传闻，也并非完全是空穴来风。

明朝有首歌曲说："一日南面坐天下，又想神仙下象棋。洞宾与他把棋下，又问哪是上天梯。上天梯子未做下，阎王发牌鬼来催。若非此人大限到，上到天上还嫌低！"（明·朱载堉：《醒世词》）几乎没有一个皇帝不想长生不老、"万寿无疆"，嘉靖皇帝更是个典型。他在童年时就迷信道教，当了皇帝后，更是大张旗鼓地求神拜仙，大炼丹药，一心成仙，把大量少女弄到宫中，用她们初来的月经和别的药、石，加在一起，炼成所谓的金丹。嘉靖二十一年（1542）十月，宫女杨金英等肯定是目睹了少女们被摧残的悲惨景象，加上她们自己也常常遭到毒打，有的人被活活打死，遂逼上梁山，趁世宗熟睡之际，用黄绒绳勒其颈部，差点把他勒死。清朝的顺治皇帝，一度想出家当和尚，据史学大师陈垣先生考订，他曾剃了光头，与进宫看他的一位大和尚"相视而笑"。这也是坐在皇帝位子上不耐烦，想当佛爷而已。他的重孙子乾隆皇帝更妙，在香山碧云寺塑罗汉像时，下令把自己也塑进去，成了一位在世的活罗汉，真是吃饱了撑的！

有两句古诗说："神仙不死成何事，只向西风感慨多。"其实，皇帝们心里透亮：他们即使是神，最后却不得不与任何凡人一样，难免一死。因此，当了皇帝的头等大事，就是修自己的陵墓，好把生前的荣华富贵，尽量在一命呜呼后，搬到坟里去，继续享乐。看一看明代十三陵，以及清东陵、西陵，耗费天下多少民脂民膏！

皇帝是人不是神。1962年，随着溥仪的被特赦，重新结婚成家，初步治好了少年时就阳痿、多少年不能过夫妻生活的老毛病，开始过一个普通人的正常生活，可以说给历代皇帝的造神运动，画上了句号。

当然，毋庸讳言，由于个人迷信极度膨胀，在"文化大革命"中发展到登峰造极地步的对个人的神化，事实上也不过是历史的残梦。"青山遮不住，毕竟东流去。"历史的潮流是不可抗拒的！

金生叹先生曰：明清神化皇帝的旧梦，虽然早已随风而逝，但是，大大小小的续封神现象，人们见得还少吗？我曾写过一篇杂文，就叫《续封神》；2000年秋，还在广东人民出版社出版了一本《续封神》的杂文集，序中有打油诗一首，抄如下：

莫道《封神》化烟尘，人间至今犹封神；阿猫阿狗登仙班，死活不做老实人！

2005年3月14日

正德皇帝为何无后

自封"威武大将军"的明武宗正德皇帝，虽然后妃成群，并把妓女弄进宫内，打得火热，但她们从未生下一男半女。这就使人不能不怀疑"寡人有疾"，正德爷的那话儿失灵。据传武宗本来一切正常，问题出在"初年尝宿豹房，刘瑾等以蚺蛇油菱其阳"（明·王文禄：《庭闻述略》）。所谓豹房，是设在宫禁内的特种淫乐之所，内有番僧及教坊司乐人。蚺蛇，又名南蛇，据明朝伟大的药物学家李时珍说："此蛇身大而行更纡徐，冉冉然也，故名。"（《本草纲目》卷43）此蛇甚大，能绞杀人畜吞食之，说蚺蛇油能致人阳痿，看来是可信的。明人谢肇淛曾记载，嘉禾沈思孝被廷杖时，曾暗中吞食一粒蚺蛇胆，虽挨了数十棍，得以不死。沈思孝虽死里逃生，"而常以艰嗣为虑"，因为蚺蛇胆"性大寒，能菱阳道，令人无子"。（《五杂俎》卷5）一直隔了20多年，沈思孝始得一子，那是因为经过漫长岁月后，蚺蛇胆的药性已经完全丧失的缘故。如此看来，也许蚺蛇油与蚺蛇胆是一路货色。至于刘瑾为什么要下毒手使武宗绝后，也

明武宗朱厚照（1506—1521年在位），大名鼎鼎、性格怪异、行为放诞的正德皇帝。故宫博物院藏。

许是他有野心。据《明史·刘瑾传》记载，刘瑾被捕后，武宗亲自去抄他的家，抄出私刻的玉玺及龙袍等物，于此我们不难看出蛛丝马迹。

正德皇帝14岁登基，30岁驾崩，只当了16年万岁爷。倘天假以年，他再活上四五载，也许能跟沈思孝一样，恢复生机，不致绝嗣。就此而论，区区蚺蛇竟使"威武大将军"的威风扫地以尽，武宗真是"此恨绵绵无绝期"了。

金生叹先生曰：由此读者便可明白，为什么正德皇帝弃美女如云的后宫佳丽不顾，要跑到乡间去"游龙戏凤"，找野草闲花，甚至到山西大同去，把品貌一流、性技巧更是超一流的妓女，带回紫禁城，深宫藏娇。何以故？因为"人道已废"的正德皇帝，只有这些非凡女子，通过特殊手段，才能使他获得性满足。岂有他哉！这是人性的无奈。

2005年3月16日

"父母官"的来龙去脉

　　"父母官"一词，今天仍是人们日常生活中的口头禅。戏曲舞台上的"父母官"，戴乌纱，穿蟒袍，前呼后拥，威风凛凛，更是人们司空见惯的典型形象。"父母"和"官"，本来是风马牛不相及的两个概念，怎么会合二为一，成为专有名词，并具有非常广泛的社会影响和历史影响呢？这就有必要刨树寻根，弄清来龙去脉。

　　旧的《辞海》及新版《辞源》，都有"父母官"的辞条，但前者说是"旧时称州县官为父母"，并引王禹偁诗"西垣久望神仙侣，北部休夸父母官"，及王渔洋《池北偶谈》"今乡官称州县官曰父母，沿明代之旧称也"；后者说是"旧时对地方官的称呼，多指县令"，也引王禹偁诗佐证，并增引了《水浒传》的一条例证。显然，这些解释大同小异，但对于我们深入了解"父母官"，却是远远不够的，更没有明确指出"父母官"究竟始于何时？盛于何时？

　　其实，对这个不大不小的问题，明清两朝的学者们，早就注意到了。明清之际的大学者顾炎武曾指出："父母二

明代"父母官"审案图。采自明末陆人龙著《型世言》第二回插图。

字乃高年之称。"并举汉文帝曾问臣下"父知之乎""父老何自为郎"为例证。(《日知录》卷24)这当然是不错的。但是,这毕竟是父母一词被政治化后的一种含义,顾炎武却没有指出,早在明代天顺年间,张志淳在研究了古籍所载的一些例证后,说:"《书》曰'元后作民父母',《诗》曰'岂弟君子,民之父母'……则父母二字,皆人君之称也。"可见,原来先秦时代只有君主才被老百姓称为父母。但是,随着封建专制主义的建立、发展,以天子自居、雄踞九五的皇帝,对臣民仅仅称其为父母,显然觉得不够意思,因为这不过才比臣民高一辈,于是从秦汉后,"万岁""万岁爷"逐步成了皇帝的代名词、专利品。万岁爷们既然把原来戴在头上的"父母"冠扔了，自然会有人捡起来，并迟早总要戴到自己头上去。清代乾隆年间著名考据家钱大昕，曾写了一则读史札记，题目就叫《父母官》。他从分析王禹偁的诗篇入手，得出明确的结论："父母官之称，宋初已有之矣。"（《十驾斋养新录》卷16）这个结论是符合历史实际的。但是，官们被称为"父母官"，风行天下，毕竟还是明朝——特别是明中叶以后的事。宣德时，慈溪县令对百姓说："汝不闻谚云'灭门刺史、破家县令'乎？""一父老对曰：某等只闻得'岂弟君子，民之父母'，县令闻之默然。"（杨循：《西墅杂记》）于此我们不难看出，这里官们与父母已经画上等号。而张志淳的记载，更是一清二楚："今天下士夫皆称本府州县官为父母大人，称者以是外得忠厚之名，内取身家之利，见称者以是外托尊崇之名，内获结托之利，故交相尚而不可解矣。""父母二字……今通以加之府州县官，甚至邻州县封府，又甚至主簿典史，又甚至称府官为祖父母，称布政司为曾祖父母。"（《南园漫录》卷5）称"父母官"，官们不仅被称父母，还随着权势升格为祖父母、曾祖父母，真是令人恶心。但是，当你知道明朝皇帝早已终日被人们高呼万岁、万万岁，太监被尊为公公、老公公，大太监魏忠贤被尊称九千九百岁，"父母官"们连升三级，也就不足为奇了！不过，明朝的"主簿典史"，即胥吏，也被称为"父母官"，实在是史无前例。明朝中叶，特别是明末，胥吏把持政务，贪赃枉法，流毒天下，顾炎武曾痛斥明朝的数十万胥吏"皆虎狼也"；这些虎狼也成了百姓的"父母"，天下苍生的凄惨命运也就可想而知，由此也就导致了必然的历史结局：李自成、张献忠等揭竿而起，天下大乱，直至把"父母官"们统统打翻在地，连同他们的主子崇祯皇帝！

在中国漫长的封建社会里，从阶级本质上说，官民是始终对立的。钱大昕说得好："虽然天下无不爱子之父母，而却有不爱百姓之官，甚至假其势，以恣其残暴，苟有人心者，能无顾名而惭且悔乎！"这真是一针见血之论。事实上，在古代、近代、旧中国的沉沉黑夜里，真正"有人心"爱百姓，在当官期间，没做过一件对不起百姓的事，而在临死前不惭、不悔的，又有几个呢？"三年清知府，十万雪花银"，"火到猪头烂，钱到公事办"之类的民谚，早已做出了历史的结论。

金生叹先生曰：在人民面前，是以父母自居，还是以儿子自居？这是衡量为政者究竟是老爷还是公仆的试金石。20世纪60年代，焦裕禄顶着风雪去探望双目失明的孤老婆子，抚摸着她的手，说："我是你的儿子。"邓小平说："我是中国人民的儿子。"最近，田纪云在献给一位逝世的老革命家的花圈上，称颂他是"中国人民最伟大、忠诚的儿子"。"父母官"们，难道不值得你们深长思之么？

2005年4月18日

"纱帽底下无穷汉"

　　乌纱帽原是官帽的代名词，演变至今，已成了官的同义语了。区区乌纱帽，何至于如此闪闪发光，浸透衙门气息？这自然也是有个发展过程的。查旧版《辞海》"乌纱"条，谓"古官帽名"，并引《晋书·舆服志》及《旧唐书·舆服志》作为佐证。说是"古官帽名"，当然无误；但此条失之太简，仍不能使人明白乌纱帽的来龙去脉。

　　其实，乌纱帽早先并非官帽。唐代大诗人李白有首《答友人赠乌纱帽》诗，谓："领得乌纱帽，全胜白接䍦。山人不照镜，稚子道相宜。"如果望文生义，以为李白既然戴了乌纱帽，一定是做了官了，其实不然。据薛天纬先生考证，乌纱帽在唐代与"白接䍦"一样，是一种日常便帽，因此，李白此诗所写，只是隐处期间的一件小事；并进而论曰："宋元时代，尚未见将官帽称为'乌纱帽'，而明以后的文学作品中，则屡见不鲜。"（《"乌纱帽"小考》，《学林漫录》六集）这个结论是符合历史实际的。

　　明朝官服，皆损益前代之制，仔细考察，变化不小。洪武三年规定："凡文武官员朝视事，以乌纱帽、圆领衫、束带为公服。"同时又规定，凡是年老退休的官员，以及侍奉父母辞闲之官，允许继续戴乌纱帽，而因事罢官者，则服饰与百姓一样，不允许再戴乌纱帽。显然，明朝将乌纱帽与官紧紧地束缚在一起，加以制度化，这就使乌纱帽与封建特权画上了等号，从此也就与蚩蚩小民无缘，见戴乌纱帽者，只能惶惶然仰视，不敢随便平视了。

历代封建专制王朝无法根治的一个重要弊端，便是冗官之滥，宋、明尤甚。明中叶后，官僚机构日益膨胀，官多如毛，乌纱帽也就滔滔天下皆是，并越来越高。万历时有人见到南京留守中卫指挥解元先祖解道画像，"年二十许，乌纱矮冠"，按解道是洪武时人，可见明初乌纱帽尚未高耸，而至中叶，则风气大变。如正德时兵部尚书王敞，"纱帽作高顶，靴作高底，舆用高打，人呼为'三高先生'"（《客座赘语》卷1）。乌纱帽如此考究，需要量又如此之大，这就使冠帽铺生意兴隆，应接不暇。有首《折桂令·冠帽铺》的曲子谓："大规模内苑传来，簪弁缕缨，一例安排。窄比宽量，轻漆慢烙，正剪斜裁。乌纱帽平添光色，皂头中宜用轻胎。账不虚开，价不高抬。修饰朝仪，壮观人才。"所谓"壮观人才"，恐怕多数——至少是相当一部分，名不副实。诚然，有明一代将近三百年间，头戴乌纱帽者，固然也有国家栋梁、风流绝代者在。但中叶以后，选举、考课制度松弛，弊病丛生，博得乌纱者，往往一不知典章因革，二不知钱谷兵农；刘瑾、魏忠贤之流宦官专政时，更是"一人得道，鸡犬升天"，拍马有术者拔据要津，持异议者、行直道者，则丢乌纱，遭迫害。晚明势如水火、沸沸扬扬的党争，就争权夺势而言，实际上也就是争夺乌纱帽的斗争。嘉靖时的著名词人冯惟敏谓："乌纱帽满京城日日抢，全不在贤愚上。新人换旧人，后浪催前浪，谁是谁非不用讲。"同一时期的文学家薛论道，也愤然曰："软脓包气豪，矮汉子位高，恶少年活神道。爷羹娘飰小儿曹，广有些鸦青钞。银铸冰山，金垂犗钓，今日车明朝轿。村头脑紫貂，瘦身躯绿袍，说起来教人笑。"显然，是非颠倒，不讲贤愚的结果，只能是抢到乌纱头上戴，管他人才不人才！

"三年清知府，十万雪花银"，这句古老的民谚，道出了封建社会几乎无官不贪的本质。清朝人说得更直白："纱帽底下无穷汉……一切官之父族母族妻族，甚至婢妾族，以亲及亲，坐幕立幕，皆在纱帽底下……词讼通关节，馈送索门包，肉食罗绮……无所不至，故曰'无穷汉'。"一言以蔽之：一顶乌纱帽，庇荫无数人。唯其如此，有些人对乌纱帽奉若神明，"只贪个纱帽往来，便自心满意足"（《二刻拍案惊奇》卷15）。有的人甚至偷偷地弄一顶假乌纱帽戴在头上，过一过画饼充饥式的官瘾。明朝有首民歌，对此作了生动的刻画："真纱帽戴来胆气壮，你戴着只觉得脸上无光。

整年间也没升也没个降，死了好传影，打醮好行香。若坐席尊也，放屁也不响。"（《挂枝儿》谑部卷9）这种社会风气，只能导致乌纱帽更加特权化，使官本位之风，越吹越烈。

但是，物极必反。至明末，官场已是腐败透顶，乌纱帽简直成了黑暗的象征。明人小说中有个盗魁曾尖锐地呼号："如今都是纱帽财主的世界，没有我们的世界！我们受了冤枉哪里去叫屈？况且模糊贪赃的官府多，清廉爱百姓的官府少。"（《西湖二集》卷34）随着明朝的灭亡，一顶顶乌纱帽落地，作为一种制度化的官服，乌纱帽终于在中国历史上画上了句号。

金生叹先生曰："纱帽底下无穷汉"，这一古老的提法，今日已从民间口语中消失。但是，今日社会，官本位仍然不时可见。一朝权在手，应有尽有。我曾到过崇山峻岭中的贫困县，区区科级干部，照样坐着桑塔纳车，家中装修水平，不亚于大都市。"穷庙富方丈"，是此类戴乌纱帽者的真实写照。

2005年3月17日

朱棣制造的政治泡沫

一、明朝以前中国的对外贸易

先秦时期，中国人对海洋的认识，大体上属于《山海经》水平，或借用唐朝大诗人白居易《长恨歌》中的一句诗来形容，"忽闻海上有仙山，山在虚无缥缈间"。诚然，甲骨文中有舟字，而且商代有了像样的造船技术，据殷商史专家研究，"商时河中已有船队"。战国时在沿海一带，有海上渔业活动，以及运送军队，从苏州下海，可抵山东，从浙东下海，可至淮上。但先秦时期中国没有海外贸易活动。

汉代史籍证明，早在西汉武帝时，中国船队从广州湾出发，经中国南部海域，航抵南洋各国。《汉书·地理志》论南粤地理形势，述及从徐闻、合浦等地，船行五月到都元国；继续航行，到谌离国、甘都卢国、黄支国；最远可抵已程不国。大体上，这是从今天的广州湾沿岸港口至印度半岛南部之航路。但上述地名，今人至今仍不能全部考订出其确切位置。当时的贸易是为皇家服务的。官方用黄金、杂缯向海

南京龙江宝船厂出土的大舵杆，全长11.07米，据说配置于下西洋的宝船上。现藏中国国家博物馆。

外买回珍珠、琉璃及各种奇珍异石。至唐代，海上贸易有了长足发展，设有市舶使专司其职。但唐代文献，对其司职情形，并无明确记载，从宋代史料看来，市舶使主要是征收进出口税，并查禁违碍物品，管理香料等官方专卖品。市舶使是海外贸易兴盛的化身。我国商船已能远航到阿曼湾和波斯湾一带。宋代，西北地区很不安定，少数民族割据政权与宋朝及少数民族政权之间，战争不断，传统的通往西域的陆路交通线严重受阻，使宋朝政府不得不更加重视海外交通。北宋灭亡，南宋政权地近大海，海外贸易繁盛一时，市舶税收占全国财政总收入的20%，"经费困乏，一切倚办海舶"。元朝建立后，依靠其雷霆万钧的大帝国声威，使波斯湾地区大部分成为元朝的宗藩之国——伊利汗国的领土。因此，至该地贸易，远比过去方便。元代后期汪大渊著《岛夷志略》，乃亲身随商船游历东西洋的记录，内有地名200多个，最远处到达阿拉伯半岛和非洲东岸的憎拔罗（桑给巴尔）等地。事实上，后来随郑和下西洋的费信所著《星槎胜览》，"半采汪大渊《岛夷志略》之文"。马欢的《瀛涯胜览》也多次引用《岛夷志略》。甚至"记录郑和航行所历地名最详之《郑和航图》，有许多已见于《岛夷志略》和其他元代史料"。还须指出的是，早在60多年前，童书业先生已注意到，"元世祖亦尝屡遣使下南洋矣"，并列举世祖至元八年、十年、十六年、十七年、二十三年遣使至缅甸、占城等"海外诸番国"。显然，唐宋以来的航海经验，特别是元代的航海成就，其中包括多次下南洋，为郑和"七下西洋"奠定了基础。但是，上述这些海外贸易活动，都是以皇权为主宰的官方贸易，是为皇家及贵族服务的。在政治上，是为了扩大"天子"的影响，"羁縻"海外诸国；在经济上，采购奇珍异宝，满足统治集团日益膨胀的奢侈消费欲。因此，当时的国人，从上到下，没有、也不可能有海权观念。严禁私人下海贸易的国策，总体上并无变化。

1982年在福建南平发现的郑和第七次下西洋前为祈保"风调雨顺"而铸造的铜钟。现藏中国国家博物馆。见《中华遗产》2005年1月号。

二、朱棣制造的政治泡沫

早在100年前，梁启超在《祖国大航海家郑和传》中曾感叹："哥伦布以后，有无量数之哥伦布，韦嘉达哥马（按：即达伽马）以后有无量数之韦嘉达哥马，而我则郑和以后，竟无第二之郑和。噫嘻，此岂郑君之罪也！"其实，郑和的"七下西洋"，何以后继无人？是因为郑和的下西洋，完全是大明帝国握有至高无上权力的皇帝朱棣一手制造的政治泡沫，从其动机与效果上，注定了下西洋只能是昙花一现。

朱棣派郑和下西洋的动机，必须从朱棣其人其事综合地去观察、分析。皇权制度核心，是皇权神圣，不可分割、让渡，嫡长子继承制，不容改变。朱棣从其侄朱允炆手中夺权，在古代，完全是谋反、篡夺，大逆不道，人所不齿。这种负罪心态，导致他采取一系列措施，力图改变自己的形象，把自己塑造成合法者，如捏造史实，说自己是马皇后所生。其实朱棣的生母是碽妃。20世纪30年代，史学界为此曾展开讨论，发表论文多篇。明代李清的《三垣笔记》、清初潘柽章《国史考异》，均明确记载明孝陵神位，左乃淑妃李氏，生懿文太子、秦愍王、晋恭王，右乃碽妃，生明成祖朱棣。永乐中，朱棣将建文帝时修的《太祖实录》修改两次，伪造自己乃马皇后生。而且迁都北京后，太庙中一帝只有一

大明宣德皇帝朱瞻基（1426—1435在位），是郑和第七次下西洋的派遣者。他好骑射。此画像现藏故宫博物院。见《中华遗产》2005年1月号。

后，继后及列帝生母皆不配享。以便抹杀生母，不留痕迹。
（孟森《明清史讲义》第109页）

　　朱元璋在去世前的一个多月，头脑尚清醒时，已预感到朱棣拥兵自重，可能要闹事，故密谕晋王，"临阵时，领着在燕王右手里行"。干什么？无非关键时可以翦除燕王。明清史大家孟森前辈考订，建文帝确实已逃出宫廷，朱棣却认定两具尸体是他和皇后的，予以下葬，并假惺惺地说自己本来是效法历史上的先例，辅佐他的。但他深知建文帝未死，并且怀疑是建文帝主录僧溥洽策划让他扮作僧人逃走，逃亡海外，故朱棣将溥洽系狱十余年。为加强自己的统治，消灭建文帝的政治势力，除大开杀戒，对建文帝重臣株连九

郑和于永乐元年捐刻的《佛说摩利支天菩萨经》，郑振铎（1896—1958）原藏，现藏中国国家图书馆。见《中华遗产》2005年1月号。

族外，更恢复明太祖明令永废不用的锦衣卫、镇抚司狱，在永乐十八年又设立特务机构东厂，实行国家恐怖主义。厂卫的横行，在全国上下形成告密的坏风气，弄得人人自危，政治秩序完全被扭曲，正如崇祯时大臣刘宗周所说："厂卫司讥察而告讦之风炽……事事仰承独断而谄谀之风长。三尺法不伸于司寇而犯者日众。"此外，有明一代，甚至到清初，江南一带百姓始终怀念建文帝，这也是朱棣的一块心病，感到建文帝活着，对他是个莫大的政治威胁。这是因为，建文帝以文建国，比起乃祖朱元璋的严刑峻法，适成鲜明的对比。《明史》其本纪赞曰："践祚之初，亲贤好学……又除军卫单丁，减苏、松重赋，皆惠民之大者。"直到弘治年间，有记载曰："父老尝言：建文四年之中……治化几等于三代。一时士大夫崇尚礼义，百姓乐利而重犯法，家给人足，外户不阖，有得遗钞于地，置屋檐而去者。及燕师至日，哭声震天，而诸臣或死或遁，几空朝署。盖自古不幸失国之君，未有得臣之心若此者矣。"因此，朱棣派郑和"下西洋"的主要动机，是寻找建文帝下落，应该是可信的。唯其如此，在他去世前不久，确信建文帝不管逃到哪里，已属死老虎，不再对他构成威胁，永乐江山已坚如磐石，才宽下心来，将溥洽释放。当然，与此关联的是，朱棣派郑和下西洋的另一个重要目的，是宣扬国威，表明建文帝已经"流水落花春去也"，自己才是天朝的天子，要海外诸国赶紧"万方来朝"。

经过明初的休养生息，至永乐时，明王朝的国力比较强盛，但财政状况，并不理想。从洪武二十三年至成化二十二年，已故明代经济史专家梁方仲先生对明《实录》的相关记载作过统计，明朝生

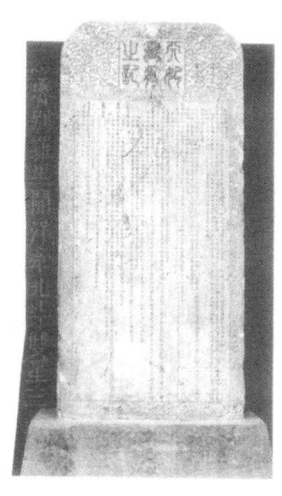

福建长乐的《天妃灵应之记》碑，记载了郑和七下西洋的时间和所历诸国。此碑刻于明朝宣德六年（1431）。见《中华遗产》2005年1月号。

产的白银总量，共约3000万两（梁方仲《明代粮长制度》第127页），但拨给郑和下西洋的白银共700万两，花去600万两（王士性《广志绎》卷1，第5页），这对明王朝来说，是何等沉重的财政负担！高压政治下，无人敢对永乐皇帝派郑和下西洋，公开说个不字。但永乐皇帝一死，太子立即将财政专家、户部尚书夏原吉从狱中放出。夏实行财政紧缩政策，重要举措之一，就是停止劳民伤财、明王朝不堪重负的下西洋。史载：永乐驾崩，"太子走系所……令出狱，复问赦诏所宜。对以赈饥，省赋役，罢西洋取宝船及云南、交阯采办诸道金银课。悉从之"。

其后，宣德年间，头脑清醒的夏原吉已故，明朝虽又下过一次西洋，但不过是夕阳残照，从此成为绝响。

诚然，郑和所率庞大的船队所到之处，也有民间贸易，但比重甚小，主要是朝贡贸易，赏赐为主，不计成本。用"文化大革命"前流行的政治术语说，是只算政治账，不算经济账。换回的是珍禽奇兽，名花异木，如海棠花、五谷树、各种香料等奢侈品，于民生无补。郑和七下西洋，做的是大赔本买卖，跟西人形成鲜明的对比。如"葡萄牙人于十五世纪末到东方，他们的航海规模远不及郑和，然而他们的经济利益却很大……运回大量香料，在欧洲市场上卖价极高，出售后所得利润为投资的六十倍"。显然，郑和下西洋是特殊政治背景下的政治行为，或者如有的学者所指出的，"只是一个孤立的历史事件"。明朝开展官方的朝贡贸易，并不意味对海外实行现代意义的开放政策。事实上，禁止海外民间贸易往来的海禁政策，并未改变。即使在郑和时代，国人仍持天圆地方观念，世界地图万历时才由传教士携入中土，在上层人士中流传。因此，郑和的船队只能沿海岸线航行，去时路，也是归来路，等候季风。虽然作为杰出航海家，郑和领先于西方航海家近半个世纪，但事实证明，郑和也根本不可能走得再远。古希腊人很早就知道地球是圆形，故一千多年后，哥伦布才会向西航行去寻找印度，虽然他明知印度在东方。没有地球观念的郑和，绝不可能环球航行，他能到达东非海岸，已属天涯海角，很难走得更远。郑和"七下西洋"，所到之处，因无海权意识，从未建立过军事基地，更无殖民地。郑和"七下西洋"，丝毫不意味着中国已进入海权体系的时代。

金生叹先生曰：从万历年间至今，宣传郑和，存在两种不良倾向：稗官小说将其神化，越说越玄；近几十年，官方及流俗学者，以今铸古，按照政治需要任意塑造郑和，将其圣化，给他戴上"和平友好使者""平等贸易的先驱""和平崛起的体现者"等高帽，调门越唱越高。2005年夏天，更是沸鼎烹油、热火朝天。正是：先贤不是堂中鼓，重槌猛敲发大声；郑和史实昭然在，休将高帽套古人！

2006年2月28日

明朝画坛四杰的深谊

　　明朝前期画坛的唐寅（1470—1523）、文徵明（1470—1559）、徐祯卿（1479—1511）、祝允明（1460—1526）被称为四杰。他们在画坛上具有重大影响，唐寅、祝允明更因民间传说、弹词、戏曲的渲染，至今仍是家喻户晓的人物。自古文人相轻，但四杰之间，并不因各人均才高八斗而互相轻慢。相反，他们过往甚密，甚至患难与共，留下很多佳话。

　　唐寅，字子畏，又字伯虎，自号六如居士、桃花庵主、逃禅仙史、江南第一风流才子等。他是吴中画派的代表人物之一，与大画家沈周（1427—1509）、仇英及其好友文徵明，在美术史上光芒四射，被称为"明四家"。弘治十一年（1498）应天府乡试第一。当时座主梁储（1451—1527）对他的文章很欣赏，看罢考卷惊叹曰："士固有若是奇者耶，解元在是矣。"除鼓励慰勉外，返京后，还将他的文章推荐给次年会试主考程敏政观看，并赞扬说："其人高才，此不足以毕其长，唯君卿奖异之。"后来，唐寅即涉嫌和程敏政作弊，"交通题目"，被废弃科考终身，程敏政亦被迫辞官

沈周画像。见《中华遗产》2005年1月号。　　　沈周:《松石图》。故宫博物院藏。

归里。唐寅经受这场磨难后,深感仕途险恶,放浪形骸于酒色山水之中,诗文绘画的名声却誉满四海。在宁王朱宸濠的叛乱中,他故意佯狂酗酒,荒诞无礼,得以保全清白,因而也给他带来更大的名声。他"颓然自放,谓后人知我不在此",内心是孤寂的。

文徵明,初名璧,以字行,后更字徵仲,别号衡山。他在29岁时,其父温州知府文林卒,吏民醵千金致意,他全部退还，而因其父是位清官，无家赀，他穿的衣服都很破旧；朱宸濠曾重金礼聘，他辞病不赴；他的诗文书画，成就很大，人皆宝之，但却从不用来与富豪权贵做交易，周、徽等藩王"以宝物为赠，不启封而还之"。可谓才华横溢，铁骨铮铮。他活到90岁，堪称人瑞，晚年经常告诫其子孙："吾死后，若有人举我进乡贤祠，必当严拒之。这是要与孔夫子相见的。我没这副厚脸皮也。"他的自谦自律，足为世人风范。

祝允明，字希哲，号枝山，长洲人。"五岁作径尺字，九岁能诗。""超颖绝人，读书过目成诵，巨细精粗，咸贮腹笥。"弘治壬子（1492）举于乡，后连试礼部不第，除兴宁知

沈周《东庄图》之十八。南京博物院藏。

县，迁应天府通判，不久即辞归。因其右手枝指，自号枝指生。他好酒色六博，善度新声，有时还粉墨登场。海内慕其盛名，携银登门求文求字的，他动辄拒而不见，而等他冶游时，"使女伎掩之，皆捆载以去"。回家不问七件事，得钱便在家中呼朋唤友豪饮，花光拉倒。出门时，往往屁股后面跟着向他讨债的人。去世时，几乎连办丧事的钱都没有。

徐祯卿，字昌毂，一字昌国，常熟人，后迁吴县。他"天性颖异，家不蓄一书，而无所不通"。精于诗歌，"文章江左家家玉，烟月扬州树树花"之类警句，传诵一时。弘治乙丑（1505）举进士，由于其貌不扬，只授大理左寺副，后因罪被贬为国子监博士，卒时才32岁。史书评论他："诗熔炼精警，为吴中诗人之冠，年虽不永，名满士林。"（《明史》卷286

唐寅《风木图》（之一）局部。

文徵明画像。见廖心一著《天子传·明》。

唐寅像。见廖心一著《天子传·明》。见《中华遗产》2005年1月号。

《徐祯卿传》)由此可知,上述四人皆非等闲之辈。他们基本上在童年时就认识。其中祝允明年龄居长,比唐寅、文徵明大约十岁,而这两位又比徐祯卿大约长十岁。唐寅和祝、文二氏,关系则更为密切。文徵明的画师承沈周,而唐寅也是沈周间接的学生。弘治十二年(1499),唐寅卷进科场风波,身陷囹圄后,写信给文徵明,希望他看在友谊的份上,

沈周行书。见《明清名人书法选》。　　唐寅行书。见《明清名人书法选》。

唐寅《王蜀官妓图》。故宫博物院藏。　　唐寅《秋风纨扇图》。上海博物馆藏。

照顾自己的弟弟唐申,文谓:

　　……仆幸同心于执事者,于兹十五年矣。

　　……吾弟弱不任门户,傍无伯叔,衣食空绝,必为流莩。仆素论交者,皆负节义;幸捐狗马余食,使不绝唐氏之祀,则区区之怀,安矣乐矣!尚复何哉?唯吾卿察之!

　　后来又在给文徵明的信中,真诚地袒露心迹。晚明小品文大家袁中郎(1568—1610)读后,非常感动地说:"真心实话,谁谓子畏狂徒者哉?"这封信的全文较长,其中有谓:"诗与画寅得与徵仲争衡;至其学行,寅将捧面而走

文徵明《停云馆言别图》。上海博物馆藏。

矣。寅师徵仲，唯求一隅共坐，以销熔其渣滓之心耳。"

由此可知，文徵明平素生活很检点，不肯涉足色情场所，与唐寅的浪漫行径，可谓大异其趣，但却能道不同而相谋，并成为莫逆之交。据明人《蕉窗杂录》载，唐寅有时捉弄文徵明，某次他先将妓女藏在舟中，然后邀文徵明同游石湖，酒半酣，唐寅高歌，叫妓女出舱敬酒，文徵明大吃一惊，执意离船而去，几乎跌入水中，只好临时雇了一艘小船回家。

文徵明与祝允明的交谊，在他们的上一代就已开始。文徵明学字于祝允明的岳父李应祯，李死后家贫无以为殓，就是由文徵明的父亲文林筹办丧葬之费的。祝允明与唐寅更是情投意合，不是弟兄，胜似弟兄。唐寅早年放浪纵酒，祝允明规劝他，唐寅因此苦读一年，得戴解元桂冠。唐寅卒后，祝允明哀痛

龍眠李伯時為余作蓮社十八賢圖追寫
當時事按十八賢行狀沙門惠遠初為儒
同聽道安講般若經豁然大悟乃與其弟
惠持俱棄儒落髮太元中至盧山時沙門
惠永先居香谷遠欲駐錫是山一夕山神
見夢稽首曰師忽於後夜雷電大震平旦
地皆坦夷材木委積江州刺史桓伊表奏
其異為師建寺是為東林因騶其殿為神
運時有彭城遺民劉程之豫章雷次宗鴈
門周續之南陽宗炳張野凡六人皆
名重一時棄官捨緣来依遠師復有沙門
道昺曇常惠叡曇詵道敬道生凡七

文徵明小楷，见《中华遗产》2005年1月号。
按：1979年，当时我在上海师院政史系工作，被临时借调到解放日报社，曾奉命与报社几位编辑到徐家汇藏书楼上的上海抄家物资中心替《解放日报》挑选图书、字画。我曾看到一个袖珍锦盒，打开后，眼睛顿时一亮：文徵明80岁后写的蝇头小楷《灵飞经》，一丝不苟，令人叹为观止。
此作品不知已物归原主否？（2005年4月18日）

文徵明行书，见《明清名人书法选》。　　　文徵明行书，见《明清名人书法选》。天津古籍书店印。

至极，梦魂萦绕，写了《梦唐寅徐祯卿（亦有张灵）》《哭子畏》《再哭子畏》等诗，怀念之情溢于字里行间。他还亲笔写了《唐伯虎墓志铭》，堪称他与唐寅友谊的实录。

大概唐寅和祝允明都是性情中人，又是肺腑之交，制造了不少风流逸事，甚至直到今天，仍在民间流传。如：唐寅曾夏天拜访祝允明，刚好是允明醉后，裸体纵笔疾书，了不为谢。唐寅跟他开玩笑说："无衣无褐，何以卒岁？"允明立即答道："岂曰无衣？与子同袍。"可见他即使是醉了，也没有忘记与唐寅的友情。他俩曾浪游扬州，极声伎之乐，把袋中的银子花个精光。他们听说盐使课税很重，因而宦囊几乎撑破，便化装成苏州玄妙观的道士，前去化缘。并自我介绍：别

张灵《招仙图》卷局部。故宫博物院藏。

看我们是穷道士，认识的朋友都是名流。连我们苏州大名鼎鼎的唐伯虎、祝枝山，都是我们的好友。您如果瞧得起我们，请随意考考我俩。盐使把手一指说，就以盆景牛眠石为题，共赋律诗一首。唐寅、允明当即一人一句，写成一诗道："嵯峨怪石倚云间（唐寅），抛掷于今定几年（允明）。苔藓作毛因雨长（唐寅），藤萝穿鼻任风牵（允明）。从来不食溪边草（唐寅），自古难耕陇上田（允明）。怪杀牧童鞭不起（唐寅），笛声斜挂夕阳烟（允明）。"盐使大为欣赏，传令苏州府长洲、吴县，出银五百两，作为修葺玄妙观的费用。后来唐寅、祝允明赶回苏州，设法取出这笔银两，召集好友与妓女畅饮数日。盐使知道此事后，颇不悦，"心知两公，然惜其才名不问也"。此事颇有传奇色彩。

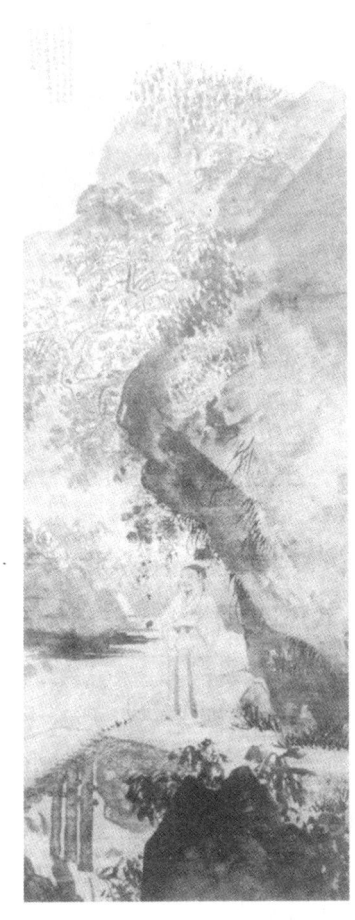

张灵《秋林高士图》。故宫博物院藏。

四人中，徐祯卿去世较早，但仍留下他与唐寅、祝允明等交好的篇章。他曾给唐寅写小传，盛赞他"雅资疏朗，任逸不羁"，并在传末系赞词一首。曰：

> 有鸟骄斯，高飞啼提。饮择清流，栖羞卑枝。傲荡激扬，操比侠士。超腾踔诡，又类君子。长鸣远慕，顾命傝似。猥叙苦辛，仍要素辞。与子同心，愿各不移。恒共努力，比翼天衢。风雨凌敝，永勿散飞。天地闭合，乃绝相知。

赞词的最后四句，充分显示了他对唐寅的深情。对于文徵明，他也写了小传。赞美他"性专执，不同于俗，不饬容仪，不近女妓，嘉淡薄俦类，有小过，时见排抵，人有簿技，亦往往叹誉焉"。并颂诗曰："……磁石能引针，砥砺乃独坚。鸾凤不从群，

祝枝山（允明）墨迹。见《明清名家楹联书法集粹》。

何况于高贤。仓和而不同，圣哲所称焉。飞蝇恶热羹，勖哉复何言。"他对文徵明，实在是敬重之不暇。

金生叹先生曰：唐寅、文徵明、徐祯卿、祝允明都是一代才子。唐寅（字伯虎）、祝允明（字枝山）因明人小说、民间传说、电视、电影的影响，至今仍是家喻户晓的人物，电影《三笑》将这两位才子刻画得惟妙惟肖，他们不但没有文人相轻的陋习，更结下深情厚谊，堪称古今文坛的楷模。

2005年3月15日于牛屋

阉不掉的诗情

　　明代宦官，绝大多数出身贫寒，不通文墨。恶名昭著的大宦官魏忠贤，原是无赖，后虽权势倾国，却仍是文盲。但明中叶后，在庞大的宦官队伍中，居然也冒出了几位诗人。这当然也绝非偶然。明初，朱元璋为防止宦官干政，不准宦官读书识字，但宣德元年（1426），便始设内书堂，"教习内官监"，"自此内官始通墨"（夏燮：《明通鉴》卷19）。其后，内书堂课程增设千家诗、神童诗；万历以后，某些执教老师更鼓励宦官"有余力，学作对与诗可也"（刘若愚：《酌中志》卷22）。这是产生宦官诗人的土壤。

　　清初钱谦益在著《列朝诗集小传》时，曾注意到宦官诗人，但仅介绍了王翱、张维二人。康熙时朱彝尊曾大力搜集明代宦官的诗作，但仅得六人，因此他曾不无感慨地说："此外若杨友、吕宪、戴义、李学辈，虽间有诗句流传，多不成章，虽欲广之而未得也。"（朱彝尊：《明诗综》卷87）但尽管如此，宦官诗风，从六人之作中，也不难窥见一斑了。如弘治时内官监左丞龚辇的《赠顾潘》："与君少小定交游，今日相逢两鬓秋。天上风云真似梦，人间岁月竟如流。可怜王粲依刘表，不遇常何荐马周。安得忘机共渔父，白蘋洲上数沙鸥。"弘治时镇守广西内官监太监张瑄的《平南乌江道中》："山东平川小路斜，不成村落两三家。分明横幅桃源景，只欠溪流泛落花。"又如正德时镇守桂林的太监傅伦的《题望江亭》："山色拂云青，溪光照空碧。静观文化初，超然意自适。"嘉靖时御马监右监丞王翱的《秋夜有怀》："西风吹雨夜萧萧，客思逢秋倍寂寥。十载已虚明主诏，半生徒插侍中貂。谁怜季子黄金尽，无奈冯唐白发饶。何日一帆江左去，独寻山水混渔樵。"隆庆时御马监太监张维的《瑶台霁望》："天都五月雨，一夜洗层台。日上芙蓉吐，钟鸣楼殿开。石根云卷尽，松顶鹤飞来。看尽南岩景，筠篮讵忍回。"万历时杭州织造太监孙隆的《题慧因寺》："笙歌日日娱西子，为爱幽闲到玉岑。旧有高人井田宅，沿流且向寺门寻。"这些诗，诗风恬淡，比起其他诗人，并不逊色。

《酌中志》卷22，录有万历时太监郑之惠及前述张维、王翱诗各一首，均为朱彝尊所未见，可补《明诗综》之不足。尤堪称道的是王翱的《咏笼雀》："曾入皇家大网罗，樊笼久困奈愁何。徒于禁苑随花柳，无复郊原伴黍禾。秋暮每惊归梦远，春深空送好音多。圣恩未遂衔环报，羽翮年来渐折磨。"此诗对皇家牢笼的冷酷，作了深刻的揭露，是上乘之作。

金生叹先生曰："曾入皇家大网罗"，真是可圈可点。金碧辉煌的紫禁城，其实就是一张黑暗的大网，插翅难飞的宫女、太监，像笼中鸟，失去自由，消耗尽青春年华，直到无声地死去。他们是何等的不幸。

2005年3月16日

张居正的悲剧

张居正（1525—1582）的政治、经济改革，是以半途而废告终的。他病死不久，政局即迅速逆转：其官秩被追夺，家产被查抄，当政时起用的主要官员"斥削殆尽"，改革派的政治力量受到毁灭性的打击，他呕心沥血实行的改革，基本上被一笔勾销。"出师未捷身先死，长使英雄泪满襟。"这是中国封建社会后期的一场政治大悲剧，其历史教训，是多方面的，深刻地警示后人，勿重蹈覆辙。

张居正悲剧的主要教训是，张居正固然是惩治腐败，但未持之以恒；而更重要的是，在反对别人腐败的同时，自己却未能洁身自好。

张居正画像

明朝中叶后，政风十分腐败，贪官污吏横行不法，民脂民膏尽入私囊。严嵩垮台被抄家时，竟抄出黄金30万两、白银

2005年1月15日，荆州市集资300万元重建的张居正墓园落成。张居正青铜塑像神采奕奕。笔者应邀躬逢其盛，并为墓园剪彩。抚今追昔，不胜感慨。曾口占一首，曰："运交华盖欲何求，死后未必得自由。试看明朝张居正，四百年后才出头。"呜呼！

张居正编撰的《帝鉴图说》插图。此图为万历元年（1573）江陵郑氏版。这是张居正教导幼主万历皇帝的政治启蒙读物。内载历史上117个帝王执政的故事。

万历皇帝生母李太后像。她曾经是张居正的政治靠山。故宫博物院藏。

200万两, 其他珍宝多得不可胜数。"私家日富, 公室日贫"的结果是, 国家财政捉襟见肘, 嘉靖末年, 太仓存银竟不到十万两, 真是岌岌乎殆哉。

作为一个杰出的改革家, 张居正当然看到了腐败的严重性。他在隆庆年间所上著名奏疏《陈六事疏》中, 即尖锐地指出, "当民穷财尽之时, 若不痛加省节, 恐不能救也", "凡不急工程, 无益征办, 一切停免。"极力倡导廉政。同时, 他认为必须惩治贪污, 并将惩贪与巩固边防相结合。他建议:"其贪污显著者, 严限追赃, 押发各边, 自行输纳, 完日发遣、发落, 不但惩贪, 亦可为实边之一助。"(《张太岳集》卷36)在他主政后, 不仅一再强调"吏治不清, 贪官为害", 大力整顿吏治, 而且还抓了重大腐败案件, 严肃查处。云南黔国公沐朝弼, 谋害亲子, 与嫂通奸, "视人命如

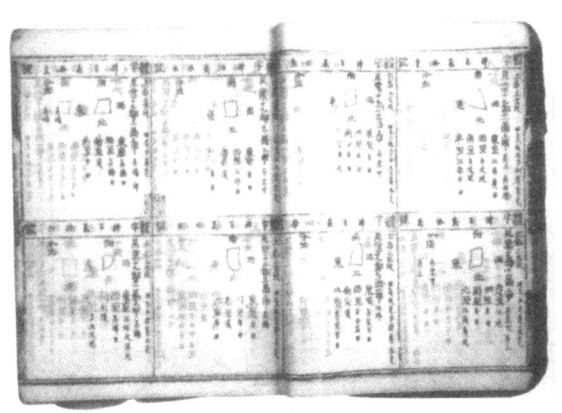

《万历九年清丈鱼鳞图册》。见廖心一著《天子传·明》插图。

草菅，通夷、占军、谋财、夺产，贻害地方，不止一端"（《明神宗实录》卷4）。对这样一个作恶多端的腐败分子，本早该逮捕法办，但朝中官员感到他是开国功臣西平侯沐英的后代，不敢下手。张居正断然"驰使缚之"（《明史》卷2~3《张居正传》），绳之以法。辽王朱宪㸅的荒淫歹毒，更是令人发指。他公然"淫乱从姑及叔祖等妾，逼奸妇女，或生置棺中烧死，或手刃剔其臂肉……用炮烙劓剥等非刑剐人目，炙人面，煇人耳……"（徐学聚：《国朝典汇》卷13）。张居正明知这是皇亲国戚，老虎屁股摸不得，但还是与朱宪㸅进行了斗争，尽管其中情节复杂，后来张居正为此遭来严重祸害，但对朱宪㸅毕竟是个沉重的打击。

但是，张居正在改革的后期，几乎把全部精力用于经济领域的改革，在全国推行一条鞭法，这是赋税制度史上

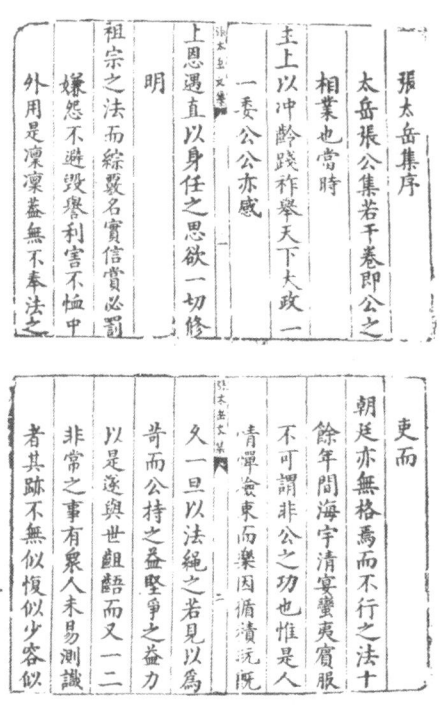

张居正文集《张太岳集》。明万历末年刻本。复旦大学图书馆藏。

划时代的变革。而在廉政肃贪、惩治腐败方面，并未持之以恒，一抓到底。对赋税改革的先驱、刚正不阿、与贪官污吏势不两立的海瑞，张居正反而觉得他过激，始终不予起用。《明史·海瑞传》说："居正惮瑞峭直，中外交荐，卒不召。"而更令人难以容忍的是，他自己也并不干净。大宦官冯保是他的政治盟友、靠山，所谓"居正固有才，其所以得委任专国柄者，由保为之左右也"（《明史》卷305《冯保

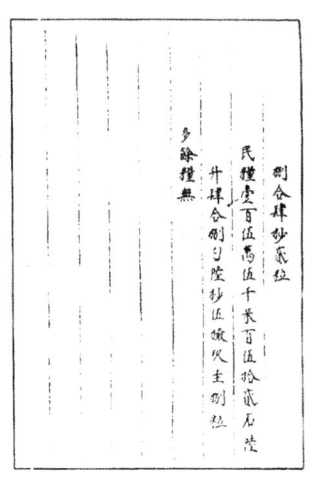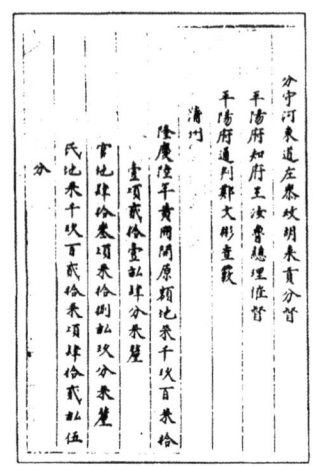

张居正时期山西丈地简明文册之一。北京大学图书馆藏。见张海瀛著《张居正改革与山西万历清丈研究》，山西人民出版社出版。

传》）。冯保贪财好货，张居正让其子张简修送到冯保家中名琴七张，夜明珠九颗，珍珠帘五副，金三万两，银十万两，"其他珍玩尤多"（佚名：《天水冰山录》附录《籍没张居正数》）。需要指出的是，张居正在做官前，其家不过有田数十亩，家中余粮甚少，遑论金银；他当了内阁首辅后，虽是一品官，月俸也不过八十七石米，即使将他一辈子的官俸加在一起，至多不过折银万余两。显然，他送给冯保那么多的金银财宝从何而来，是不言而喻的。而冯保后来垮台的主要罪状之一，便是贪污，说他家中所藏，抵得上天下贡赋一年的收入，后来也确实在他家抄出金银百余万两，大量奇珍异宝。张居正依靠冯保这样的贪赃枉法者作为自己改革的政治盟友，虽势在必行，不得不然，但无疑也授反改革的保守、顽固势力以把柄，成为他们打击改革派、扼杀改革事业的突破口。万历皇帝在没收了冯保的财产后，怀疑张居正也有大量财宝，"益心艳之"，这也是抄张居正家的重要原因。令其失望的是，从张居正家并未抄出万历皇帝所想象的甚至超过冯保的巨额家产——但毕竟也有大量财富，折价约有金银195800两，另广有良田。这绝不是张居正的区区薪俸所能置办的。张居正的个人生活，也很奢侈、糜烂。其父病逝，他奉旨归葬，坐着32人抬的豪华大轿，吃饭时菜肴过百品，"居正犹以为无下箸处"（焦竑：《玉堂丛语》卷8）。甚至大吃海狗肾，"竟以此病亡"（沈德符：《万历野获编》卷21）。张居正的这种腐败行为，不但给自己抹黑，更重要的，是给改革事业抹黑。很难设想，一个不能洁身自好的改革家能够把改革事业进行到底。

当然，像张居正这样有缺陷的改革家，并非个别现象。我们从古代改革家桑弘羊、杨炎等人身上，更可以清楚地看到他们自身的腐败行径。这不能不说是个历史的悲剧。

明朝前期的经济改革家夏原吉说过一句发人深思的话："君子不以冥冥堕行。"（《明史》卷149）改革家更不应当稀里糊涂地自行堕落、腐败，从而被顽固、腐朽的政治势力，像"一群陷沙鬼将他先前的光荣和死尸一同拖入烂泥的深渊"（鲁迅：《且介亭杂文·忆刘半农君》）。

金生叹先生曰：指出张居正本身存在的问题，对今世改革家，当然具有鉴戒作用。但是，张居正死后，万历皇帝给他加的种种罪名，完全是政治冤案，大部分都是莫须有的，有些则被严重夸大事实，无限上纲。经过半个世纪，张居正才获得平反，而大明王朝，已是风雨飘摇。而南明小朝廷，宣布给张居正彻底平反，这时大明王朝已经呜呼哀哉。迢迢平反路！其中所包含的历史教训，同样是极其深刻的。

2005年3月17日

明朝的阿Q

作为鲁迅先生笔下的典型形象，赫赫有名的阿Q，不管人们喜欢还是不喜欢，应当说他活得挺滋润；家谱上名公辈出，后世绵延不绝。谁倘若因为他害过吴妈的单相思，就瞧不起他，甚至误以为他果如小尼姑所骂"断子绝孙"，那肯定是太不了解阿Q老爷子了！

阿Q先辈中名气最大的，当数北宋杰出词人，以堪称千古绝唱《望海潮》《雨霖铃》鸣于世的柳永（约987—约1053）。他原名三变，字耆卿。柳永少年时到汴京应试，由于擅长词曲，为歌妓填词作曲，声名远播，更自作词云："才子词人，自是白衣卿相。"有人曾向宋仁宗推荐他，仁宗显然早已接到过什么人打的小报告，冷笑一声，批了十个字的最高指示曰："此人风前月下，且去填词。"这对柳永无疑是个巨大打击。但是，他没有因此垮掉，反倒精神抖擞地自称"奉旨填词柳三变"，化失败为胜利，真乃妙不可言。

明初江南有个儒生叫孙潼，某日用黄帕包了一本书，直闯衙署，正在办公的巡抚周忱不禁一愣，问孙潼何事？孙

明英宗朱祁镇（1436—1449、1457—1464在位）。故宫博物院藏。

潼自报家门后，说：我用楷书抄了一本千字文，务请巡抚大人帮我进呈朝廷，"乞公引拔"。周忱是个好官，便令驿站传送，但传到宫中，宣德皇帝看后，却下了一道圣旨："孙潼书法粗俗，令再习小楷。"这道圣旨对孙潼打击的沉重，可想而知。但孙潼却不然，照样为人写字，并反败为胜，把宣德爷的圣旨当作资本，凡为人写字，必定题上"钦命再习小楷孙潼"。（明·都穆：《都公谈纂》卷下）这与柳永简直是一脉相承，正如俗语所说，不是一家人，不进一家门也。另一位江南文人吴英喜好大字，"往来徐武功之门，武功得罪，以党被逮，有司无以入其罪，坐流民，配之广西"。真是倒霉透了。但后来终于被赦回，也算不幸中之大幸。出人意料的是，吴英竟将发配广西视为无上光荣的政治资本，写大字时竟"自署纸尾曰：钦调广西人吴英"。如此行径，与柳永、孙潼又何其相似乃尔！

"土木之变"，英宗被瓦剌俘虏，这是明朝历史发展中的重大政治事件。对于明廷来说，是一次大失败，丢尽脸面。但在阿Q的先辈看来，这次事件，仍属胜利，因为据说有人发现了瓦剌部首领也先是汉族人的外甥。这位发现者不是别人，是从成化到嘉靖，曾在内阁诰敕房供事40余年，与其同事刘铁"并淹贯故实，时称二刘"（《明史》卷168）的长洲人刘棨。他煞有介事地说：英宗被虏后，"也先之母告其子曰：吾苏州人，少随父戍边，被汝父虏回，与之生汝。吾念昔居中国，为今天子臣，臣无杀君之礼。跪且泣以请，也先从之，英宗得还。"（明·皇甫录：《近峰记略》）你看，"眼睛一眨，老母鸡变鸭"——顷刻间也先成了中土的外甥，位居九五之尊的第一把手英宗，理所当然地就成了外公！这不仅使人想起了20世纪30年代鲁迅针对民间流行的所谓乾隆皇帝是海宁陈阁老（即大学士陈元龙）之子的奇谈（按：当时冯柳堂还自费出版了《乾隆皇帝与海宁陈阁老》一书），讽刺道："这一个满洲'英明之主'，不费一矢，单靠生殖机关便革了命，真是绝顶便宜。"（《花边文学·中秋二愿》）显然，关于也先之母、乾隆之父的呓语，都是精神胜利法孕育的怪胎。

正德时南京人陈镐，担任过布政使等职，并著有《金陵人物志》六卷，政绩、学问都还不错（《明史》卷187、卷97）；但颇贪杯，其父担心他因嗜酒妨碍公务，特地写信，要他戒酒。父命难违，陈镐便拿出自己的俸金，令工匠特制一只大酒碗，能装二斤多酒，在碗内刻上八个大字："父命戒酒，止饮三杯。"被士林传为笑谈（明·冯梦龙：《古今笑史·怪诞部第二》）。透过笑谈，我们可以清楚地看到，尽管陈镐照样豪饮，但在他看来，既在大酒碗内刻上家父戒酒之命，他已在精神上取得了戒酒的胜利，完全可以心安理得了。

古人如此，今人也绝没有例外。但"萧条异代不同时"，阿Q的精神胜利法，总要"跟着感觉走"，打上时代的烙印。在极左的年代，许多志士仁人及无辜百姓横遭迫害，度日如年，何以卒岁？不少人正是从阿Q那里吸取精神力量，支撑自己的。"文化大革命"中，我曾被打进"牛棚"，备受凌辱。可是，一位"棚"友竟还有雅兴作诗，其中的两句是："莫道牛棚天地小，人生那得此清闲。"无怪乎诗人公刘在一篇文章中曾愤激语曰："中国人倘若没有一点阿Q精神，还能活下去吗？"甚至连已故小麦专家金喜宝教授，在百岁诞辰时，中央电视台记者去采访他，询其长寿之道，老先生直言不讳，说："我崇拜阿Q！"显然，在噩梦一般的岁月里，透过阿Q精神庇护所的背后，是含泪的苦笑，打掉门牙和血吞的惨痛，今日每一思之，真让人怀疑当时到底是阳间还是阴间。

不亦快哉！历史终于走到现在。世象既然光怪陆离，比万花筒还万花筒，阿Q的继承人当然要比先辈们聪明、潇洒多了。如：某作家在"文化大革命"中，曾经跻身"四人帮"写作组，舞文弄墨，灵魂生锈，但如今却摇身一变，俨然是文化鼻祖，以灵魂净化师自居，将自己置于想象中的文化、情操的顶峰，怡然陶然，似乎就永远成了精神上的"东方不败"（金庸小说中人物）。又如：某极聪敏的通俗小说作家，自己先宣布"我是流氓我怕谁"，于是著文批评他的作品是"痞子文学"者流，岂非成了小焉矣哉，败于下风？

如此等等。看来，阿Q不万岁，也是千岁了。这究竟是国人的幸还是不幸？谨向读者求教：愿听高论。

金生叹先生曰：说人活到一万岁，纯属扯淡。但作为一种精神现象，阿Q能万岁千秋，应无疑义。究竟是好还是歹？自有后人说短长。

2005年3月19日

"此生缘再结他生里"

——明末四公子的深情厚谊

　　明末四公子是指桐城方密之（以智）（1611—1671）、阳羡（今宜兴）陈定生（贞慧）（1604—1656）、归德（今商丘）侯方域（朝宗）（1618—1655）、如皋冒襄（辟疆）（1611—1693）。他们的父亲，都是晚明政治舞台上的名人。这四位书生，联络东林党的后裔和在南方有很大影响的政治组织复社成员，互通声气，砥砺名节，议论朝政，反对宦官专权。明朝灭亡，福王朱由崧（？—1646）在南京重建弘光小朝廷后，依然是阉党阮大铖（约1587—1646）、马士英（约1591—1646）把持朝政，在残山剩水间作威作福。不久，东林子弟顾杲、黄宗羲（1610—1695）等在南京张贴反对阉党的《留都防乱公揭》，震动朝野，陈贞慧、侯朝宗等都参与策划，并在公揭上签名。明清之际的著名文学家吴伟业（1609—1672）曾写道："……往者天下多故，江左尚晏然，一时高门子弟，才地自许者，相遇于南中。……阳羡陈定生、归德侯朝宗与辟疆三人，皆贵公子。定生、朝

宗仪观伟然，雄怀顾盼，辟疆举止蕴
藉，吐纳风流，视之虽若不同，其好
名节、持议论一也。以此深相结。"
（《吴梅村文集》卷36《冒辟疆五十
寿序》）可见是共同的政治抱负，使他
们走到一起来了。他们常常聚会，甚至
是"无日不连舆接席，酒酣耳热，多咀
嚼大铖，以为笑乐"（黄宗羲：《南雷
文约》卷1《陈定生先生墓志铭》）。
四人中，活得最长，被誉为"一代风骚
主坛坫"（吴铠：《东皋咏水绘庵》，
载于道光刊本《如皋县志》）的，是冒
襄。入清后，他始终以遗民身份隐居
不仕，家中的水绘园，有花木林泉之
胜，是东南名园之一。他交友遍天下，
从晚年裒辑的《六十年师友诗文同
人集》来看，曾先后与他交好的文友
有：黄宗羲、倪元璐（1594—1644）、
董其昌（1555—1636）、王铎（1592—
1652）、钱谦益（1582—1664）、陈继
儒（1558—1639）、范景文（1587—
1644）、黄道周（1585—1646）、徐乾

冒襄书楹联。见吴石潜缩摹《明清名家
楹联书法集粹》。华夏出版社出版。

学（1631—1694）、施世纶（清初著名清官，小说《施公案》即根据他的事迹创作而成）等几十位，几乎囊括了明清之交即明末至康熙前期著名文学家、画家、书法家、诗人的大半，可见其交友之广，这没有一腔热忱是做不到的。冒襄的同时代人刘体仁在《书水绘园二集后》一文中说："士之渡江而北、渡河而南者，无不以如皋为归"；"及家贫，犹不敢谢客，而身则皤然老矣。"这是冒辟疆一生的重要方面。正如他的后裔著名老作家冒舒湮先生所说："至于他和陈圆圆、董小宛的风流韵事，在辟疆的整个历史上并不占重要地位。"（冒舒湮：《冒辟疆其人其事及其书法》，《扫叶集》第383页）当然，血浓于水，四公子之间的友谊，经受过明清易代之际巨大政治磨难的考验，是一般朋友难以企及的。以侯朝宗来说，方密之送给他的一件衣服，他视如拱璧，爱不释手。他在《与方密之书》写道：

冒襄画像。见台湾《历史月刊》1997年1月号。

……仆与密之交游之情，患难之绪，每一触及，辄数日营营于怀。及至命笔，则益茫然无从可道。犹忆庚辰，密之从长安寄仆屦丝之衣，仆常服之。其后相失，无处得密之音问，乃遂朝夕服之，无敢垢腻所积，色黯而丝驳，亦未尝稍解而浣濯之，以为非吾密之之故也。乙酉、丙戌后制与今时不合，始不敢服，薰而置诸上座，饮食寝息，恒对之唏嘘。……衣可更也，是衣也，密之所惠，不可更也。吾他日幸而得见吾密之，将出其完好如初者以相示焉。盖仆之所以珍重故人者如此。密之或他日念仆而以僧服相过，仆有方外室三楹，中种闽兰粤竹，上悬郑思肖画无根梅一幅，至今大有生气……当共评玩之。(《壮悔堂遗稿》第101页。中华书局，《四部备要》集部)

他与陈贞慧更胜似手足，亲上加亲。他有《送陈生归义兴》诗谓："宛水中央一去船，清秋细草尚绵芊。东江族望多才俊，不及平原作赋年。"(《壮悔堂遗稿》，《四忆堂诗集》卷2，第122页)他曾住在陈贞慧家避难，成了生死之交，并结为儿女亲家：将自己的幼女许配给陈贞慧的次子宗石，举行过订婚仪式。他在《赠陈郎序》中写道：

陈郎者，余幼婿也。名宗石，字曰子万。……乙酉春正月，有王御史者阿大铖意，上奏责浙直督府捕余。余时居定生舍，既就逮，定生为经纪其家事。濒行，送之舟中，而握余手曰："子此行如不测，故乡又未定，此累累将安归乎？吾家世与子之祖若父暨子之身无不同者，今岂可不同休戚哉，盍以君幼女妻我季子？"余妻遂与陈夫人置杯酒定约。(《壮悔堂文集》卷2，第27页)

此时，朝宗女方三岁，贞慧子还比她小一岁。八年后，朝宗再访宜兴，宗石已十岁，聪敏健谈，朝宗平素不能饮酒，竟高兴得连连喝了几大杯。并写了一首《种松歌》赠宗石，加以鼓励："种树当种松，生儿当生龙。松能参天三百尺，龙能腾地九万重。君家小子无乃是，出揖大人何从容。眼光奕奕逼我寒，问所读书音如钟。十岁抗首复伸眉，其意颇不屑吴侬。君家少保古哲人，我欲见之恨无从。尔翁当时称有道，今住青门老为农。五陵佳气迥遂无，善卷洞口暮采莳。高义乾坤谁识得？定知有尔兀其宗。君不见洛阳桃李媚春风，三月开花作意红。转瞬落叶已辞枝，唯有霜皮傲崆峒。又不见鲋鱼数寸口喁喁，陂泽江海不相通；才欲过河旋涸辙，安知首尾接空蒙。"(《四忆堂诗集》卷5，第139~140页)朝宗对贞慧的长子，著有《湖海楼集》的诗人陈维崧(字其年，号迦陵)(1625—1682)也很赞赏，写了《阳羡歌答陈生》诗给他，末段是："……君不见大梁侯生游吴越，霜吹两鬓侵马骨。人生相见如参商，细记壬辰冬十月。"(《四忆堂诗集》卷5，第139页)诗中丝毫未摆世叔的架子，很珍视与下一代的友谊。后来，陈贞慧病故，陈维崧却屡应乡试不中，去投奔他父亲的老友冒襄，在他家读书做客，而且一住十年，不仅与冒襄酬唱，相处甚欢，还与冒襄的书童徐紫云结为生死之交，演出了一幕中国同性恋史上最感人的人间活剧（苏同炳：《同性恋的故事》，载《中国人的性与爱》，第99～100页。台湾台视文化公司出版，1990年）。显然，明末四公子的友情，在他们的下一代，得到了继续发展。

金生叹先生曰："此生缘再结他生里"，是清初著名词人纳兰容若（成容若）悼亡妻词中的一句。明末四位名公子的深厚友谊，足以表明，他们肯定想世世代代保持深情厚谊。亡友冒舒湮（冒辟疆后人，老作家）生前曾告诉我，历经300多年的沧桑，方以智、陈贞慧、侯朝宗都有后代，但多数务农，20世纪80年代初，三家的后人，都曾来京找过他，修家谱，搜集老祖宗的资料。四位名公子都是才子，但300多年来，除了冒家有冒鹤亭、冒效鲁、冒舒湮等学者、诗人、作家外，其余三家的后代，都默默无闻，真让人不胜感慨。

2005年3月17日

李自成、张献忠与传教士

　　陕西是明末农民运动的发祥地，更是李自成（1606—1645）大顺军的立足点。天启五年（1625），金尼阁（法兰西人）神甫应陕西人王徵、张縯芳之邀，来到三原，半年后，住到西安城内。其后，经金尼阁、汤若望、郭纳爵（葡萄牙人）、梅名高（葡萄牙人）等传教士和中国信徒的努力，至崇祯十二年（1639），西安府已"共有教友一二四〇"人（徐宗泽《中国天主教传教史概论》，圣教杂志社1938年版，第321页）。影响不可低估。此时农民大起义的烈火，早已成了燎原之势。有无耶稣会信徒参加农民军，至今没有发现确切的材料予以断定。崇祯十六年（1643）十一月，李自成攻克西安，名曰称王，实已称帝。对于西安城内的耶稣会士，大顺军以礼相待，加以保护。破城后"被获"的传教士郭纳爵、梅名高曾被农民军的负责官员讯问，得知他俩是"远道来华，唯为阐明真教，因即命释放，并禁骚扰教堂"（圣教杂志社编：《天主教传入中国概观》，台北文海出版社，第64页）。可见大顺军对传教士的态度是友好的。

耶稣会在北京传布的规模，远胜西安。早在万历三十三年（1605），利玛窦即在宣武门建立教堂，通称"南堂"。从崇祯十一到十五年（1638—1642），北京城内外受过耶稣会洗礼的人，即达2979名。崇祯十七年（1644）三月，大顺军攻克北京，明朝灭亡。在大顺军进入北京之前，外国传教士决定逃离北京。但是，有位教士拒绝传教会长龙华民（意大利人）的劝告，继续留在教堂内。此人即汤若望。这样，汤若望就成了李自成进京后的历史见证人。后来，他在回忆录中，做了生动的记述。据汤若望记载，大顺军刚进城，有过局部的盲目屠杀行为，汤若望等人因此把教堂大门紧闭。但屠杀旋即被农民军领导人所制止。教堂的门重新打开。一些农民军走进去，好奇地看着里面陌生的一切，没有发生任何不友好行为。只是经过教堂的允许，他们取走了一条绒毡。第二天，在教堂门口"挂有牌

李自成大顺政权的"工政府屯田清吏司印"。故宫博物院藏。

示一方，上书勿扰汤若望的命令"（魏特著、杨丙辰译：《汤若望传》，商务印书馆1949年版，第119页）。此后，教堂一直受到农民军的保护。在李自成进京的三天后，汤若望曾应邀进宫去见了农民军的一位领袖，受到他的茶酒款待，并留晚餐。此人当为农民军的高级将领刘宗敏。此后，汤若望也邀请过几位农民军的头头去教堂做客。正是由于大顺军对耶稣会士态度友好，保护教堂，汤若望才敢于把教堂作为一些妇女特别是耶稣会女教友的庇护所。汤若望还庇护过明朝的官员，如陈名夏（崇祯进士，官修撰，兼户、兵二科都给事中），就曾躲在天主堂，想上吊自杀，被汤若望极力劝阻。不久，陈名夏即投降李自成，在大顺政权担任户部都给事兼兵科都给事（谈迁：《北游录》纪闻上，汤若望条，中华书局1960年版，第277~278页）。在此期间，汤若望还"日夜往慰诸教民，不遗一人"（《汤若望奏疏》奏疏部分第1~3页，顺治刻本，中国科学院图书馆藏），尽了他作为传教士的职责。

大顺军在山海关被满汉联军打败，在撤出北京时，曾在城内纵火，焚烧宫殿、城楼、民舍，幸被百姓救灭，损失不大；汤若望的房屋，"半为贼火焚毁，仅存天主、圣母二堂，并小屋数椽"，一些天文仪器也被毁，这是非常遗憾的。农民军的放火，与当年项羽的放火焚烧阿房宫一脉相承，是完全错误的。尽管如此，大顺军在西安、北京，毕竟实行过保护耶稣会士的政策，这是富有历史意义的（费赖之著、冯承钧译：《入华耶稣会士列传》，商务印书馆1938年版，第196页）。

张献忠（1606—1647）领导的大西军，与传教士也发生过关系。当时，在四川传教的天主教教士，主要是利类思、安文思。利类思（Ludovicus Buglio），字再可（典出《论语·公冶长》："季文子三思而后行，子闻之，曰：再思，可矣！"），意大利人，1606年生，崇祯十年（1637）来华，在江南传教，两年后，奉调进京参加修订历法。在京时，结识四川绵竹人阁臣刘宇亮，受他的邀请，于崇祯十三年（1640）入川传教。安文思（Cabriel de Magalhaens），字景明，葡萄牙人，生于1609年，崇祯十三年（1640）来华，先在杭州传教，后于崇祯十五年（1642）也入川协助利类思传教。张献忠部农民军在崇祯十七年（1644）九月五日攻占成都，十一月正式称帝，国号大西，建元大顺。关于张献忠与这两位教士的关系，《天主教传行中国考》记曰：

> 方献忠将近成都时，利类思、安文思两神父正避乱于绵竹县刘相国家。后为献忠所获，送至成都。成都天主堂已为乱兵所毁，教友死者过半。献忠命两神父制造天文仪器，翻译历书。初年款待尚好，乃性好疑忌，喜怒无常，屡欲置两神父于死地。两神父心怀惴惴，日备善终。一日，上书于献忠，谓历理深奥，臣等学识浅陋，求

准往澳门，延访精通天文之人，并搜求各种仪器云云。献忠疑其欲逃也，指神父随侍之六七教友为主谋之人，执而杀之。又欲处两神父以极刑。未及动手，献忠……中箭而死。……及献忠败死，两神父为清兵所获……至北京。（转引自方豪：《中国天主教史人物传》中册，第82~83页）

这一记载是可信的，但失之太简。记载张献忠与利类思、安文思关系最详细的史料，是法国人传教士古洛东（Gonrdon，约1840—约1930）的《圣教入川记》[1]。从总的情况看来，张献忠对利类思、安文思，确实是优礼有加。利、安二人初见张献忠，是由原明朝县令、后投降张献忠的吴继善引见的。献忠已经知道利玛窦曾为万历皇帝所礼遇，故听说二人与利玛窦一样，是泰西学士，"遂发命令，遣礼部之官往迎之"。见面后，"献忠问泰西各国政事"，二位司铎应对如流，"献忠大悦，待以上宾之礼"，并请二人就住在成都，"以便顾问"。此后，献忠还"命某大员携点心各色、绸缎数匹、白银百六十两、袍套各二件"，送给他俩。献忠还赐予徽号"天学国师"，"文武官员，各皆道贺"，极一时之盛。二人每月"由国库给银十两"，二人一再推辞，说每月得一两银足矣。献忠却真诚地说："尔等不必固辞，以显吾之奢财。吾已为王，不能招待二位西

---

① 此书根据抄本所载利类思、安文思在四川的事迹写成，初版于1918年，四川人民出版社1981年重印。本节所引材料，均见于此书。

方大贤，区区之惠，何足挂齿，须当收纳，不必固却。吾固知尔等无需银两，此不过聊表吾敬贤之心，非有意示富沽名而已。尔等当受之无却。"献忠曾向两位司铎询问西学，更经常问数学方面的问题，并"随同左右辩论，颇有心得。其知识宏深，决断过人，二司铎亦暗暗称奇"。献忠还令两位司铎造天、地球两个，用红铜制成，另造日晷配合。完工后，献忠见之，"鼓掌称善，乐极快慰，惊奇不已"。并令厚赏利类思、安文思，连赞助这项工作稍有成绩的官吏，也"皆蒙升官加级"。献忠有位老岳父，是位儒生，名字失考，他本人、其夫人、二子二女，全家老幼共32人，都加入了天主教。此老圣名伯多禄，其子圣名保禄。于此也不难看出利、安二人在大西军中的巨大影响。

但是，中西文化之间，本来就有很深的隔膜，要在旦夕之间消除，是难以想象的；何况张献忠是个文化水平甚低、恣情任性、神经也有些贵恙的农民起义军的领袖（参见王春瑜：《大顺军与耶稣会士关系史实初探》，见《明清史散论》，第279~280页）——特别是在明军南犯，后更有清兵压境的形势下，张献忠的动辄暴怒、无端猜疑、滥开杀戒的性格，又不断发作起来，因此后来献忠又屡次找利、安二人的麻烦，甚至扬言要杀死他们，连他的岳父也被他处死。但是，即使在千钧一发之际，张献忠仍然头脑冷静下来，说："吾饶尔等之命，因尔等是外国人；若尔等是此地人，定受千刀万剐之刑。"因此，利、安二人，在与张献忠的交往过程中，虽后期不如前期，但仍然受到一定程度的优待。张献忠与传教士的交谊，是中外关系史上带有传奇色彩的一页。

　　需要指出的是，在350多年前，中国人接触西方文化的主要途径，除传教士外，几乎别无他途。从现有史料来看，李自成、张献忠并没有排斥传教士，拒绝西方文化。令人遗憾的是，在明末社会大动荡的岁月里，李、张二人的主要精力，只能是用于作战，而且相继失败，为了他们的事业，献出自己的生命，这是不幸的。但是，国人与西方传教士的联系，并未因此中断。清初的顺治，特别是康熙皇帝，与传教士有着更频繁的往来，从他们那里，学习到不少西方的科技知识。就此而论，西方传教士与华人交往的历史，毕竟还是幸运的。这不禁使人想起宋人赵希迈的《八声甘州》："……几伤心桥东片月，趁夜潮，流恨入秦淮。潮回处，引西风恨，又渡江来。"如此潮去潮回的现象，倒不失为是传教士与国人文化交流艰难、曲折历史的生动写照。

金生叹先生曰： 李自成、张献忠与传教士的接触，本来应当是个历史的契机，可惜二人都没有抓住，这不能不是个历史的遗憾。任何正当的宗教（邪教当然除外）都是教人积德行善的，这有利于社会的和谐、稳定。因此，自古及今，凡是排斥、迫害宗教人士的行为，肯定是反文明、反理性的行为——包括张献忠在内。

2005年4月12日

"天下兴亡，匹夫有责"

　　"天下兴亡，匹夫有责"，这是明末清初爱国学者顾炎武（1613—1682）的名言。当然，他的原话不止这几个字。他在其名著《日知录》卷13 "正始"条说："有亡国，有亡天下。亡国与亡天下奚辨？曰：易姓改号，谓之亡国；仁义充塞，而至于率兽食人，人将相食，谓之亡天下。……是故知保天下，然后知保其国。保国者，其君其臣，肉食者谋之；保天下者，匹夫之贱，与有责焉耳矣。"这里所谓"亡国"，是指改朝换代，所谓"亡天下"，是指社会道德的沦亡。顾炎武认为江山易帜，是统治阶级的事，而道德沦亡，关系到每一个人，人人有责，并指出只有知道"保天下"，也就是整顿风俗，挽救人心，人人都具有高尚的道德情操，然后才能懂得保卫国家。后来，人们把顾炎武的这番话，概括为"天下兴亡，匹夫有责"。

　　"天下兴亡，匹夫有责"，是中国人民具有悠久历史传统的爱国思想的集中表现，也是顾炎武思想中的精华部分。纵观顾炎武的一生，始终贯穿着"天下兴亡，匹夫有责"这光芒四射的八个字。

顾炎武像。清人绘，纸本，设色。

顾炎武的青少年时代，正是明王朝四面楚歌、八方风雨，最后在农民大起义的洪流中，"忽喇喇似大厦倾"，土崩瓦解的时代。由朱元璋在元末农民战争的血泊中建立起来的大明王朝，走过了二百几十年的历史道路后，像以往的封建王朝一样，形同"枯藤老树"，迅速腐烂着。宦官专权，政治黑暗，加剧了明王朝政治、经济崩溃的趋势。是的，崇祯皇帝朱由检上台后，也曾经猛砍几斧头，处死了臭名昭著的宦官头子魏忠贤，以及与魏忠贤狼狈为奸、败坏朝政的天启皇帝乳母客氏，并惩治阉党。但是，作为封建专制主义的一大积弊——重用宦官，本身就是皇权日益膨胀的产物，是绝非崇祯皇帝所能够根除的。曾几何时，刚愎自用、性多疑忌的朱由检，又开始重用宦官，其信任程度，甚至超过了乃兄、乃父、乃祖。这样，在整肃阉党之初带来的封建政治的一线生机，又被断送了。关外崛起的后金（清），派出铁骑，深入关内，大肆掳掠，威逼京师；

虽然后来又退出了，但一直对明王朝虎视眈眈，准备看准有利时机，入主中原，取明王朝而代之。三饷加派，裁减驿卒，严重的自然灾害，进一步导致走投无路的农民纷纷揭竿而起；水深火热中的陕西农民首先登高一呼，燃起反抗的火把后，一场燎原大火，便熊熊燃烧起来。

正是在这个风雨飘摇的时代里，顾炎武由少年而成长为青年。他的养母王氏，是个"知书识礼"，在江南颇有名望的贤惠女子。炎武自幼就受到她的教育。后来，他在《先妣王硕人行状》中，怀着无限感激的心情，回忆儿时的情景说："呜呼！自不孝炎武幼时，而吾母授以《小学》，读至王蠋忠臣烈女之言，未尝不三复也。"到青年时期，顾炎武爱国爱民，以天下为己任，与好友归庄等人，参加了南方知识分子的进步政治、学术团体"复社"，讲学论道，讨论天下大事。他深切感到国事日非，大厦将倾，应当奋起拯救。从哪里入手呢？他认为，"感四国之多虞，耻经生之寡术"（《天下郡国利病书·序》），立志钻研实学——也就是经世致用之学。从27岁起，他便开始博览群书，搜集历代经济、地理的材料，凡是史书、文集、方志等史料中关于农田、水利、矿产、交通的记载，都详细摘录，为写作《天下郡国利病书》（120卷）、《肇域志》（100卷），打下了坚实的基础。这两部巨著，虽然炎武生前没有来得及写完、定稿，但今天仍然是我们研究中国古代历史、经济、地理的重要史籍。

1644年，清兵入关，李自成大败后，退出北京。次年五月，清兵南下，在南京苟延残喘的弘光小朝廷作鸟兽散，降官如潮。眼看风云改变山河色，炎武痛心疾首，忧愤交加，写下了充满爱国激情的诗歌。他在《感事》诗中沉痛地写道："传闻阿骨打，今已入燕山。毳幕诸陵下，狼烟六郡间。边军严不发，驿使去空还。一上江楼望，黄河是玉关。"他痛惜"舆图犹在眼，涕泪已沾裳"。但是，他并没有就此消沉下去。他本来的名字叫顾绛，字忠清，此时特地改名叫顾炎武，字宁人，显示出崇高的民族气节。清兵进攻昆山时，遭到全城军民的英勇抵抗，城陷后，清军大肆屠杀，炎武因陪同养母住在常熟语濂泾，幸未遇难。但他的生母何氏被清兵砍折右臂。不久，常熟也沦于清军之手。炎武的养母王氏，闻变后即愤而绝食，临终前，叮嘱炎武说："我虽妇人，身受国恩，与国亡，义也。汝无为异国臣子，则吾可以瞑于地下。"老母的为国捐躯，以及临终遗言，对炎武后半生的影响很大。从此，他国难家仇集于一身，直至咽下最后一口气，始终没有在清朝做过官。

当然，南京、昆山等地的陷落，并不意味着清兵从此可以长驱直入，迅速在南方确立其统治秩序。人民的抗清运动，更为蓬勃地兴起了。炎武对抗清运动是同情、支持的。他跟东南海上的抗清政权，就有过往来。明朝后裔隆武帝曾授炎武兵部职方主事，并特派使者去聘请他。抄本陆陇其《三鱼堂日记》，记载清初陆翼王的话说："宁人……鼎革初尝通书于海上，糊在金刚经后，使一僧挟之以往。其仆知之，以金与僧买而藏之。"这就表明，炎武确实是与海上抗清力量有过联络的。

但不幸的是，顾炎武的一个名叫陆恩的仆人，是明清之际常见的"豪奴恶仆"。他抓住顾炎武与海上隆武政权往来的把柄，投靠与炎武家有怨的大地主叶方恒，准备告发炎武"通海"罪，置炎武于死地。炎武怒杀陆恩，陆恩的女婿又进一步勾结叶方恒，以重金贿松江太守，将炎武逮捕入狱。幸亏因得到好友归庄、路振飞等的多方营救，并经清朝新贵钱谦益的调解，炎武才被释放。但

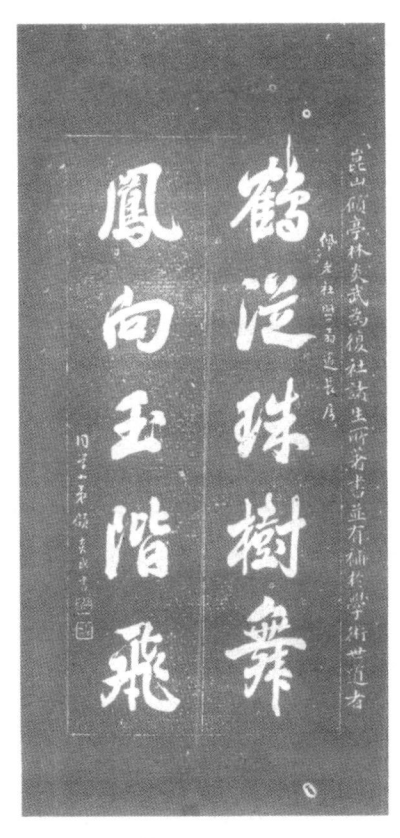

顾炎武书楹联。见《明清名家楹联书法集粹》。

叶方恒并不就此罢休，又密派刺客暗杀炎武；炎武避至南京，刺客追到太平门外，击伤其首，令炎武几遭不测。同时，叶又纠合了数十名恶棍，将炎武家中抢劫一空，"尽其累世之传以去"（《归庄集》，第232页）。在这种沉重的打击、迫害下，顾炎武在南方是难以立足了。1657年（顺治十四年，这年顾炎武45岁），炎武感慨着"奴隶鸱张，亲朋澜倒"（《亭林文集》卷3，第60页），"出门多蛇虎"（《亭林诗集》卷1，第290页），为了"毋为小人资，委肉投饿虎"（亭林文集》卷2，第300页）——即免被叶方恒之流勾结清政府所暗害，遂弃家北游，远走他乡。

从此，顾炎武后半生25年的漫长岁月，都是在北方度过的。他的活动范围很广泛，但从根本上说，仍然是念念不忘"天下兴亡，匹夫有责"，通过辛勤著述，总结明朝灭亡的历史教训。顾炎武在晚年曾自叙道："此二十年间，周游天下，所至名山、巨镇、祠庙、伽蓝之迹，无不寻求，登危峰，探幽壑，扪落石，履荒榛，伐颓垣，畚朽壤，其可读者，必自钞录，得一文为前人所未见者，喜而不寐。"（《亭林文集》卷2，第31页）他的弟子潘耒说："顾宁人先生……足迹半天下，所至交其贤豪长者，考其山川风俗，疾苦利病，如指诸掌……出必载书数簏，自随旅店，少休，披寻搜讨，曾无倦色。有一疑义，反复参考，必归于至当；有一独见，援古证今，必畅其说而后止。"（《日知录·原序》）他的好朋友李因笃，更在诗中深情地赞美他："道路随缃帙，乾坤到彩毫，丁年无旷日，乙夜有燃膏。"（《寿棋堂诗集》卷6，第19页）炎武真正做到了读万卷书，走万里路，实地调查，反复研讨，孜孜不倦，老而弥坚。因此，他在北方写成的一些主要著作，都是当时划时代的巨著。如《日知录》，称得上是炎武的代表作，虽动笔很早，但绝大部分都是在北方写成的。他曾说"平生之志与业，皆在其中"（《亭林文集》卷3，第51页），旁征博引，以古筹今，从政治、经济、军事、文化等各方面，详尽地讨论了明代的积弊，并提出了立郡县、行辟举、减租赋、重积粟、垦荒田等一系列主张。尽管由于历史条件和阶级立场的限制，顾炎武还不可能摆脱"死人抓住活人"（《资本论》卷1，第11页，人民出版社1975年版）的苦恼，他的政治主张、治世药方，没有越出封建改良主义的范围。但是，他在总结明朝灭亡的教训、批判以及提出救世药方的过程中，有力地暴露了封建统治的种种矛盾和罪恶，并提出反对科举制、确认人性私利原则等论点，这些都是具有进步意义的。他的经世致用的主张，对扭转明朝人空疏、脱离实际的治学态度，更起了拨乱反正的作用，开拓了清初一代学风。

诚然，顾炎武也曾经希望清朝垮台，盼望各地的反清斗争能够取得胜利，重建朱明王朝。但是，历史发展的趋势，常常是人们始所未料的。随着岁月的流逝，满汉地主阶级日渐合统，平分天下；尽管一统江山从朱明王朝落到了由满族建立的清王朝手中，但是，从清朝封建政权的阶级实质来看，它与朱明王朝并没有区别。在这严酷的事实面前，顾炎武不能不感到悲哀。难能可贵的是，虽然他的三个外甥徐乾学、徐秉义、徐元文，都做了清朝的大官，但顾炎武始终拒绝出仕。这种高风亮节，显示了中华民族自古以来威武不屈的凛然正气，与岳飞、文天祥、陆秀夫等人的爱国精神一脉相承，永远彪炳于史册。

康熙二十一年（1682）正月九日，顾炎武因骑马失足坠地，病逝于山西曲沃，终年70岁。300多年来，他的爱国思想、学术成就，对后世一直有着巨大影响。

金生叹先生曰：近百年来，顾炎武的"天下兴亡，匹夫有责"的爱国思想，鼓舞了多少仁人志士、热血青年！特别是在亡国之祸迫于眉睫的清末、20世纪30年代日寇侵华时，"天下兴亡，匹夫有责"，像火把，像号角，在国人的灵魂中燃烧，激励着人们奋起抗争，顾炎武不仅是优秀的思想家、杰出的学者，也是一位伟大的爱国者。时下社会风气浮躁，不少人成了拜金狂，根本不关心国家命运、民族前途。广泛、深入、持久地开展爱国主义教育，让人人知道"天下兴亡，匹夫有责"的重要，是其时矣！

2005年4月12日

·贰·

社会百相

"吃他娘……"

300多年前，中华大地遍地哀鸿，饿殍随处可见。农民起义领袖李自成率兵进军河南后，受到广大饥民的热烈欢迎，儿童们高唱："吃他娘，穿他娘，开了大门迎闯王，闯王来时不纳粮。"（计六奇：《明季北略》卷23）这"吃他娘"三字，耐人寻味。译成今天的口语，即："他娘的，吃吧！"或"吃他妈的！"这是在当时特定历史条件下，贫民刮起的一场大规模吃大户的真实写照。事实上，民变队伍所到之处，把官府、豪绅的酒肉狂饮大嚼，甚至在攻克洛阳后，将福王朱常洵的血与鹿血掺在酒中，名"福禄酒"，开怀畅饮（吴伟业：《绥寇纪略》卷8）。如此近乎恐怖的吃喝风，不能不说是对上层权贵及富豪穷奢极侈、大刮吃喝风的惩罚。

民谚有谓"上梁不正下梁歪"。皇帝富有四海，享尽人间美味，自不待言。而在皇权卵翼下官僚阶层的大吃大喝，同样令人瞠目。明中叶后，随着商业的繁荣，政治的腐败，官场吃喝风更是愈演愈烈。嘉靖时权相严嵩与其子严世蕃，不仅生活奢豪，日享珍馐百味，连尿壶都是金、银制成的。而且每当贪赃受贿满百万两，就大摆宴席以示庆祝。严嵩垮台后，从他家抄出的金酒杯、酒盂、酒缸的重量，不下17000两（佚名：《天水冰山录》）。严嵩被多数史家视为奸相，形象丑恶；而万历初年的名相张居正，被史学家公认为是一代政治家、改革家。然而，此公在大刮"吃喝风"方面，并不比严嵩之流逊色。其父病逝，他奉旨归葬时，坐着32人抬的豪华大轿，"所过州邑邮，牙盘上食，水陆过百品，居正犹以为无下箸处"（焦竑：《玉堂丛语》卷8）。饱食思淫乐，他因姬妾众多，生活荒淫无度，大吃补药、丹药；彼时肉食者将海狗肾奉为至宝，"宦青登莱者求之而不可得，真者价值六十金"（李绍文：《云间杂识》卷2）。刚好守海名将戚继光与张居正有谊，送给他不少海狗肾，致使"终以热发"，"竟以此病亡"（沈德符：《万历野获编》卷21）。据说，张居正"死时皮体燥裂，如炙鱼然"（谢肇淛《五杂俎》卷11）。真是目不忍睹，状极瘆人，堪为胡吃豪喝者戒！

权臣如此讲究吃喝，下属官吏自然竞相效尤。明代本来就官员冗滥，多如牛毛，吃喝风盛行的结果是，导致厨师供不应求。成化以前，仅光禄寺即有厨役6384名，成化十年（1474），又添500名，成化二十三年，太监山青又奏添1000名（《明经世文编》卷44，第340页），真乃何其多也！宣德四年（1429），宣宗曾指出："近闻大小官……沉酗终日，怠废政事"（余继登：《典故纪闻》卷9）。其后，京师六部十三道等官，更作长夜之饮（陆容：《菽园杂记》卷14），真是夜以继日了。令人大惑不解的是，宴客时"劝尽饮曰'千岁'"（叶盛：《水东日记》卷4），"千岁"之声，不绝于耳。必须指出，有些地方的官宴，是摊派地方承办的，敲诈勒索，危害多端，小民不胜其扰，悲剧迭相发生。如："南京有印差道长五人，与巡视京城道长俱与上、江二县（按：指上元县、江宁县）有统属。凡有宴席，皆是两县坊长管办。有一道长请同僚游山，适坡山一家当直，此日十三位道长，每一个马上人要钱一吊，一吊者千钱也，总用钱一万三千矣。尚有轿夫抬扛人等，大率类是。虽厨子亦索重赂，若不与，或以不洁之物置汤中，则管办之人立遭谴责。且先吃午饭，方才坐席。及至登山，又要攒盒添换等项。卖一房楼房，始克完事，不一月而其家荡然矣。继此县家定坊长一人自缢死，一人投水死。"（周晖：《二续金陵琐事》下卷）如此吃喝，简直与吃人无异。

吃喝风从官场吹向民间，败坏了社会风气。人们不仅越吃越讲究，排场也越来越大。嘉靖时文人何良俊曾谓："余小时见人家请客，只是菜五色肴五品而已。惟大宾或新亲过门，则添虾蟹蚬蛤三四物，亦岁中不一二次也。今寻常燕会，动辄必用十肴，且水陆毕陈，或觅远方珍品，求以相胜……近一士夫请袁泽门，闻肴品计百余样。"（《四友斋丛说》卷34）而搜求四方佳物，恨不得食尽天下珍馐的情形，时人谢肇淛的记述，最为生动："穷山之珍，竭水之错，南方之蛎房，北方之熊掌，东海之鳆炙，西域之马奶，真昔人所谓富有小四海者，一筵之费，竭中家之产不能办也。"（《五杂俎》卷11）屠宰牲畜，"多以惨酷取味，鹅鸭之属，皆以铁笼罩之，炙之以火，饮以椒浆，毛尽脱落未死，而肉已熟矣。驴羊之类，皆活割取其肉，有肉尽而未死者，冤楚之状，令人不忍见闻"（《五杂俎》卷11）。如此虐待动物，人道、兽道皆荡然无存矣。从正德、嘉靖间开始，凡宴会都有乐队，并请专职厨子司其事（顾起元：《客座赘语》卷7）。而北京的筵席"以苏州厨包办者为尚，余皆绍兴厨人"（史玄：《旧京遗事》）。这样，对烹调技术的要求，必然越来越高，口味越来越刁。明末的江南才子张岱，不仅尝遍四方风味，食时也极为考究。如吃蟹，"从以肥腊鸭、牛乳酪，醉蚶如琥珀，以鸭汁煮白菜如玉版，果蓏以谢桔、以风栗、以风菱。饮以玉壶冰，蔬以兵坑笋，饭以新余杭白，漱以兰雪茶"。明亡后，他结庐山中，布衣蔬食，回想当年吃蟹情景，不禁喟然叹曰："真如天厨仙供，酒醉饭饱，惭愧惭愧。"（《陶庵梦忆》卷8）明末另一位著名才子冒襄，其妾董小宛不仅风姿绰约，是一代名姬，且为烹调好手，制小食品、甜食尤佳。董小宛谢世后，冒襄回忆与她的九年生活，痛心疾首地说："余一生清福，九年占尽，九年折尽矣!"(《影梅庵忆语》)张岱、冒襄,都是富室,家产丰厚。那么,小民百姓又如何?同样深受吃喝风影响。明人小说写普通商人蒋兴哥之妻三巧儿请薛婆子吃便饭,不过是两人共食,各种荤菜、素菜、果子,竟摆下16碗之多(冯梦龙:《喻世明言》卷1),可见一斑。不少人家连办丧事也"大设筵席,盛张鼓乐,广召亲室,多至十余日,少亦不下五六日"(薛冈:《天爵堂文集笔余》卷2)。无怪乎时人有十贫十富之说,其中的"九要贫",是"宴贵宾"(褚人获:《坚瓠集》三,续集),不难想见,蚩蚩小民,哪里经得起权贵们蝗虫一样的大吃大喝?

社会风气败坏的另一个方面,是助长了送礼、"走后门"的歪风。万历时,南京文人周晖在除夕前一天外出访客,至内桥,见中城兵马司前手捧食品盒的人,挤满了道路,以致交通堵塞。何以故?原来"此中城各大家至兵马处送节物也"(《二续金陵琐事》下卷)。当然,对于位居要津的权贵们来说,食品盒又何足道哉!万历中某侍郎收到了辽东都督李如松送来的人参,竟"重十六斤,形似小儿"(谈迁:《枣林杂俎》中集),如此奇珍,该又价值多少!《金瓶梅》第四十九回描写清河县提刑千户西门庆,为了跟蔡、宋二御史拉关系,请他俩赴宴,一桌酒席竟费了千两金银,真是挥金如土。

不过危害更大的方面,是吃喝风加速了政风的腐败。

明代官俸最薄，《明史·食货六》有谓"自古官俸之薄，未有如此者"。洪武二十五年（1392），更定官禄，正一品月俸米87石，从一品至正三品递减13石，从三品26石，余递减，正七品至从九品递减5斗，至5石而止，自后虽历朝有些变化，但大体视此制为永制。成化初年，米一石折钞十一贯，是一石米仅值二三十钱。显然，如果让官们自掏腰包那样大吃大喝，一桌饭足以使他们倾家荡产——当然，这还是指只靠俸金生活的清官而言，而有明一代，真正的清官，又有几人哉？再则，成天琢磨吃喝，醺醺然，昏昏然，还有多少心思从政！而有的封疆大吏，为了讨好皇帝，在吃喝上大做文章，更使政风日颓。如弘治时的丘濬，任礼部尚书兼文渊阁大学士，政绩尚佳，却挖空心思地制成一种饼，托宦官敬献孝宗，但制法却又保密，致使孝宗食后大喜，下令尚膳监仿制，司膳者做不出，俱被责。对此，连当时的宦官都看不惯，说："以饮食……进上取宠……非宰相事也！"（陈洪谟：《治世余闻》下篇，卷1）

"朱门酒肉臭，路有冻死骨。"当吃喝风在明朝城乡的达官贵人、富商缙绅，甚至小康人家的餐桌上愈吹愈猛之际，占人口绝大多数的广大贫苦农民，又吃些什么呢？笔者在拙作《一碗粥装得下半部历史》（台湾《中央日报》1992年12月2日副刊《长河》版）中指出："如果以稀粥来划分中国的历史，2000年来，不过是大多数人尚有稀粥喝的时代。如果大多数人连稀粥也喝不上，不得不改变现存秩序，争取能再喝上稀粥的时代。""倘若各种矛盾激化，人祸、天灾交织，农民连稀粥也喝不上，并吃尽了附近的树皮、草根，就会形成庞大的四处觅食的队伍，最终揭竿而起，烧毁'酒肉臭'的'朱门'，把皇帝也拉下马，直至在新的王朝中，再回到农村，慢慢安定下来，重新日出而作，日入而息。"这是历代王朝唱的老调子，明朝不仅毫不例外，事实上更为典型。最后，在饥民大军"吃他娘"的喧嚣声中，"忽喇喇似大厦倾"，大明王朝土崩瓦解了。

值得注意的是，吃喝风古虽有之，于今为烈。竟有人一桌饭菜花去35万元人民币，真是热昏。而官场吃喝风的蔓延，更使识者深忧之。据悉，全国一年用公款请客吃喝的花费高达1000亿元人民币！愿300多年前吃喝风的悲剧结局，使国人有所思有所悟。

不眠忧吃喝，此风何时息！

金生叹先生曰：这1000亿元人民币的数字，是十几年前媒体披露的数字。时下少说也要翻一番。倘用此公款的十分之一办希望小学，多少穷乡僻壤的失学儿童及其家长，将为之雀跃欢呼！然而，我的这番话恐怕与梦话一样，有啥办法呢！

2005年3月20日

神奇的五谷树

　　1944年前，家父母迁居至名叫大卜舍的小村庄上务农，笔者当时尚在童年。庄上的一位孙姓地主，乃书香门第，家前屋后，树木森森，幽篁苍翠欲滴。尤其难得的是，在他家堂屋后的河岸旁，有一棵五谷树，颇为奇特：树高丈余，春天开白花，夏天结果；但所结之果形似稻、麦、黍、稷、豆，故称五谷树。更奇特的是，从此树所结果实，可以预卜年景：如形似稻，则这一年稻必丰收，余类推。此外，对水旱灾也有预卜作用。如果这年雨水太大，果实必呈鱼形，而且特别与夏天爱在河面上迅速游来游去的穿条鱼（又名白条、白跳）酷肖。附近村民常在五谷树下徘徊，观果，看看该年收成如何，祝福风调雨顺，获得丰收。敝庄的农民，对这棵宝树深感自豪。

　　求学、为衣食奔走南北，使我离开家乡越来越远，回来的次数越来越少了。但是，我时常想起家乡的一草一木，对五谷树更是惦念不已。前几年冬天，我因事去盐城，遂趁便至父母坟上拜奠，乡亲咸来闲话。我询及五谷树近状，不料他们告诉我，多年前，已被人偷偷地锯掉了！闻此讯，实在令我怅然久之。没有想到，故园的宝树，只能在童年的旧梦中求之了。

在家乡建湖县有司的晚宴上，我怀着失落感，谈起五谷树，县长刘鉴康先生宽慰我，说："我们县蒋营乡谭赵村一位农民家的院子里还有一棵，长得很好。"这使我喜出望外，当即建议妥加保护，并载入正在编纂中的县志；并告诉他们，五谷树乃明初丞相胡惟庸家中物，在明代史料中，屡见不鲜。最近，我收到县志办公室陈衡志先生寄来的五谷树图，采自《建湖县地名录》。图片虽因印刷技术欠佳，不算太清晰，但读者也能看出眉目了。

陈庭材家院内五谷树。建湖县文化馆张万康、朱明安摄

从明朝到清朝，五谷树一直以其神奇的功能，受到学者们的珍视，因而被载入文集、志书中。隆庆年间的赵善政所著《宾退录》卷1记载："胡惟庸家中有一树，名五谷树，夏月其实若稻麦者，则其年大有，若为鱼形，则其年大水。"万历中期的南京学者周晖，在《金陵琐事》一书中，专门写了"五谷树"这一条，指出南京城中有两棵，一在报恩寺，一在皇城内，并指出"不但结子如五谷，亦有似鱼蟹之形者，

乃三宝太监西洋取来之物"。由此我们知道，五谷树原非中土所产，乃郑和下西洋时携回，在我中华大地上生根、开花、结果了。无怪乎在明代以前的史籍中，从未见过五谷树的踪影。至于此树原产西洋何国？尚有待我们考证。不过，五谷树在南京的命运并不美妙。胡惟庸被朱元璋翦除后，没有多久，丞相府即沦为榛莽，五谷树是被毁还是被人移走？不得而知，像白头宫女话天宝遗事一样，这段故事，成了老太监们闲来无事的话题，而报恩寺的那棵五谷树，到了万历末年，也不知下落了，对此，与周晖同乡、同时而稍晚的顾起元，在其名著《客座赘语》卷1中记载得很清楚。但是，"造化钟神秀"，凡是有益于人类生产活动的至宝，冥冥中自有苍生护持，不致荡为冷烟寒灰。不知何年何月，经何人之手，五谷树被移植到苏北里下河水网地带，据管窥所及，嘉庆《高邮志》（卷12）即有五谷树的记载，而历经沧桑后，故乡谭赵村的那一棵，至少在江苏省，恐怕是硕果仅存了，弥足珍贵。

现今通行的诸如《辞源》《辞海》《中文大辞典》《植物学大辞典》等工具书，皆无五谷树条目，希望今后能补写进去。呵，五谷树！它不仅是我中华地大物博、奇珍异宝争相交辉的明证，也是中外文化交流史上的佳话，吾人理应宝之。

金生叹先生曰：五谷树确实神奇。但明代的史料记载，明显存在抵牾。既说洪武年间宰相胡惟庸家中有一棵，又说此树是永乐年间郑和下西洋时带回的。究竟是我中土固有的，郑和带回的，还是被附会成郑和的舶来品？有待深入研究。1990年秋，我接到本家兄弟春涛（他毕业于林学院，当时在盐城园林部门工作）来信，说：他们在1985年专门去调查过谭赵村陈庭材家院内的五谷树，树高10米，冠幅9米，胸高（1.37米处）干径52厘米。在分类学中属木犀科，汉语名雪柳，学名（拉丁文标准注音）是Fontanesia Fortunei Carr.。我认为，这是值得参考的资料。此外，这几年我每年清明节返乡扫墓，在"九龙口"旅游景区，在建阳镇"陆秀夫纪念馆"，又看到了移植成活的五谷树；同时，据报刊报道，在东台市及江西省，也有"五谷树"。看来，"五谷树"是不会绝种的。

2006年3月2日

"开门七件事"与"三百六十行"

一

明代以名著《遵生八笺》鸣于时的学者高濂，曾经说过一句极浅显的至理名言："饮食，活人之本也。"试想，除了不食人间烟火的所谓神仙外，又有谁能不吃饭呢？但既要吃饭，就会立即碰到粮食、燃料、佐料、饮料等一大堆问题需要解决。这就是今日我们日常口语中不时提到的"开门七件事"。

"开门七件事"这句民谚，究竟始于何时？有待考证。据管窥所及，至迟在宋朝，已出现在人们的口语中。宋朝的太学生们有时闲坐聊天，经常"以谑破为戏"，即以开玩笑做题、破题。有一位完全用俗语试题云："湖女艳，莫娇他，平日为人吃诶罕，乌龟犹自可，虔婆似那吒！早晨起来七般事，油盐酱豉姜椒茶，冬要绫罗夏要纱。君不见，湖州张八仔，卖了良田千万顷，而今却去钓虾蟆，两片骨臀不奈遮！"此题破云："有色者其累重，既知食美而服亦美；好色者其费重,当知业穷而身亦穷。"(元·无名氏:《湖海新闻·夷坚续志》前集卷1)此题滑稽突梯,立与破皆称高手。而更重要的是,由此我们可以知道,宋朝不仅有了"早晨起来七般事"的说法,与"开门七件事"大同小异,而且,当时的"七件事",是指"油盐酱豉姜椒茶",为我们了解宋朝人的饮食风尚提供了例证。不过,严格说来,"七件事"在宋朝还没有定型。吴自牧《梦粱录》载谓:"人家每日不可缺者,柴米油盐酒酱醋茶。"可见,直到南宋,事实上还有开门八件事的说法。而到了元朝,情况便大为不同。元人杂剧《玉壶春》《度柳翠》《百花亭》等,都有"早晨起来七件事,柴米油盐酱醋茶"的说法。作家周德清还以七件事为题材,写了《折桂令》,词曰:"倚蓬窗无语嗟呀,七件儿全无,做什么人家!柴似灵芝,油如甘露,米若丹砂,酱瓮儿恰才梦撒,盐瓶儿又告消乏,茶儿无些,醋儿无些。七件事尚且艰难,怎生教我折柳攀花?"(见清初朱彝尊撰《叶儿乐府》。收入《花近楼丛书》附存)真是写尽了穷措大的狼狈处境。显然,元朝人的"七件事",成了柴、米、油、盐、酱、醋、茶。这种叫法,流传至今,在口语中定型了。从明而清入民国,虽然异代不同时,并且南北有异,贫富相差,食俗不同,但人们在习惯上,都把"开门七件事"的基本内容,称作柴、米、油、盐、酱、醋、茶。

从中国古代直到20世纪70年代,多数中国人——特别是广大农民，是民以粥为天。因此，每天七字不缺者，已是小康之家，而七字不足，尚能安贫乐道，就算是操守高尚之人了。明朝浙江余姚有位王德章先生，曾口占一诗曰："柴米油盐酱醋茶，七般都在别人家。我也一些忧不得，且锄明月种梅花。"（明·田艺蘅：《留青日札》卷26）真是高雅之至。不过，"人是铁，饭是钢，一天不吃心发慌"。倘若肚皮饿得贴着脊梁骨，两眼发黑，是绝不会再有锄月种梅的雅兴的。清朝乾隆年间的名士袁枚在《随园诗话》中曾载某人一绝云："书画琴棋诗酒花，当年件件不离他。而今七事都更变，柴米油盐酱醋茶。"可见，倘若立在云端里，喝西北风，是产生不了诗情画意的。而道光年间的李光庭老先生，说得更直白："余虽年近八旬，七事尚须预备。偶赊古器而不嗜茶，戏撰一联云：夏商周秦汉唐器，柴米油盐酱醋人。"（清·李光庭：《乡言解颐》）也许这是他经历人生坎坷后的伤心悟道之言，亦未可知。此公还记载了北方村妪有关"七件事"的口语，如："叫他烧烧火，他两眼瞪着我。""碾磨不转轴，巧媳妇作不出无米粥。""省了一把盐，酸了一缸酱。""白日挨门子吃茶，夜晚点灯儿絮麻。"如此等等，朴实无华，曲尽人情，令人回味。李光庭还与友人专门以"七件事"为题，唱和《七事诗》，"或考据详赅，或寄托深远"。他本人的《林亭七事诗》，长达五十六句，字里行间浸透着乡风民情，真不愧是位脚踏实地的田园诗人。

二

俗话说："三百六十行，行行出状元。"稽诸史册，"三百六十行"云云，不过是近五百年的事。元代以前，有待深考，姑置勿论。从元代的记载看来，当时还没有"三百六十行"的叫法。大剧作家关汉卿的《金线池》第一折谓："我想一百二十行，门门都好着衣吃饭。"元末浙江象山的文人汤式写的《南吕一枝花·赠钱塘镊者》开头即谓："三万六千日有限期，一百二十行无休息。"钟嗣成的名著《录鬼簿》也载谓："郑廷玉有一百二十行贩。"由此可见，元代概称各行各业是"一百二十行"。到了明代，经过明初的休养生息，至明中叶，经济迅速发展，行业越来越多。据正德《江宁县志》记载，当时江宁县为官府效力的铺行即达104种，而至嘉靖、万历时期，社会经济相当繁荣，新的行业如雨后春笋般涌现。显然是人们感到再用"一百二十行"来形容，未免太不确切，于是逐步改用"三百六十行"的提法。嘉靖初钱塘名士田汝成的《西湖游览志余》第25卷《委巷丛谈》载谓："乃今三百六十行，各有市语，不相通用，仓促聆之，竟不知为何等语也。"佚名的剧作《白兔记·投军》则谓："左右的，与我扯起招军旗，叫街坊上民庶，三百六十行做买卖的，愿投军者，旗下报名。"从此，

明人所绘风俗画《货郎图》。货郎担虽小，但所售商品却琳琅满目，从一个侧面，反映了明朝商品经济的繁荣。

"三百六十行"云云，广为流传，经过清代，直至今日，已成为人们的口头禅。以清代而论，清中叶有这样一则生动的事例：周焘在任通州知州时，每获一贼即断其脚胫。有一贼甚强项，谓刺史曰："小的做贼多年，亦颇知读《大清律例》，割脚胫在何条例？"周笑曰："汝言甚是，唯吾也问汝，三百六十行，行行吃饭着衣裳，汝在哪一行？"贼口噤，遂割其脚胫。众贼闻之皆逃散，士民感德。（清·钱泳：《履园丛话》卷24）盗贼从来做的是无本生意，且往往还诉诸暴力，当然不在三百六十行之中，实在是其心可诛。但割脚胫显属残忍行为，不足为训。民国三十年，齐如山先生著成《北京三百六十行》一书，近年已由宝文堂书店再版。此书分木工、铁工、铜工、皮革工、器具、物品、纺织服饰、装饰品、食品、文墨、乐器、玩物、游艺、修理旧物、银钱业、娱乐事业、街头小贩等二十几类，简明扼要地介绍了半个世纪前北京的五百四十余种行业，真是称得上洋洋大观了。

古代行业的详情，正统史书中鲜有记载。倒是某些文学作品，每有描述。明朝成化、正德年间的著名作家陈铎写的《滑稽余韵》，记述了一百数十种行业，各色人等，状极生动。如《折桂令·棺材铺》："紫枫香大样柴松，断解成形，合辖成功。料少完全，板难认辨，价有包笼。要镇远泡杪厮哄，铁马湖杂木歪充。不愿年丰，只喜时凶。不是心毒，业在其中。"读来可发一噱。又如《赛鸿秋·灶户》："正当着煎造为公干，只凭着海水供衣饭。常担着罪过充囚犯，远离着乡井无根攀。全家住水邦，遍体如乌炭，被商人错认烧窑汉。"煎盐先民之辛劳、可怜，于此可见一斑。

三

"开门七件事"与"三百六十行"，不过是我国古代商业文化的一枝一叶而已。但是，"一枝一叶总关情"。如果我们能把诸如此类的一枝一叶都逐步基本上研究清楚了，我国古代枝繁叶茂的商业文化的大树，便会重新在我们的眼前临风而立，展现其勃勃生机。遗憾的是，史学界多年来对经济史、商业史的研究，多半沿袭前人的老路，很少有人对商业文化做深入、系统的探索。其实，人类自进入文明史阶段，就离不开商业活动，而任何商业活动，总是以一定的文化形态表现出来，与千百万人的生活起居联系在一起，这是对人类——当然包括我们的老祖宗——影响最广泛、密切的文化。这里，笔者拟再举商品宣传为例，以管窥古代商业文化的另一角落。

读过《水浒传》的人，很难忘记武松醉打蒋门神，夺回被他霸占的酒店"快活林"的故事。"快活林"三字，通俗易懂，并有几分幽默感，作为酒店的名字，堪称绝妙，颇能吸引顾客，起到了很有效的宣传作用。其实，这倒并非施耐庵的向壁虚构，孟元老《东京梦华录》卷六"收灯都人出城探春"条，历数园林胜迹，其中有一处便叫"快活林"。不知何时，被人移花接木，用到酒店名称上，后来又写进小说，真是耐人寻味。明中叶后，从城市到乡村，酒店遍于国中。大酒店都有考究的酒帘、酒旗，随风摇曳。酒帘一般都置于高处，好让顾客在很远的地方就能看见，故又称"酒望子"。财力大的，在酒店前专门竖起一根旗杆，上缚酒帘，如前述"快活林"酒店，便是"檐前立着望竿"，上面挂着一个酒望子，写着四个大字道："河阳风月"。凡此，皆酒店广告也。连村间的小酒店，起码也会在"粉壁上写着'零沽美酒'四字"，"招牌上写着'家常便饭'"。（明·清水道人:《禅真逸史》第九回）这些形形色色的广告,多半出自民间书法家的手笔。明初大政治家姚广孝的义子姚继,当初在苏州乡下,就曾把他的宝楷挥洒到酒帘上,而为姚广孝所激赏,结下亲缘（参阅拙著《明朝酒文化》第一章第二节《酒的销售》。台北东大图书公司出版）。当然,实力雄厚的大店家的招牌,是由名流或书法家写的,如北京的"六必居",便传说是严嵩的手笔,也有人以为是姜立纲所书,存而不论可也。

明代大店铺开张时,礼仪均很隆重,张灯结彩,金匾生辉,鼓乐喧天,热闹非凡。如此大造声势,主要目的自然是为了扩大店家影响,推销商品。《金瓶梅》第六十回描写西门庆的缎铺开张那天,大摆酒席,吹拉弹唱,同时柜台上发卖货物,结果当日就卖了五百余两银子的货品。

看来,古人商品宣传的最有影响的形式,是商品广告。中国历史博物馆藏有常熟翁氏旧藏的明人画《南都繁会景物图卷》,描绘明代后期南京市郊商业繁华的景象。其中各种具有广告功能的招牌,最为醒目。在无锡,当人们欢度新年,春灯满街时,几百家铺行搭起彩亭,写明"某铺市某物,内结一球即悬某物以别之",人们抬着彩亭满街游行,堪称是商业广告的一次大展览（清·王永积:《锡山景物略》卷10）。

我国古代商业文化源远流长,内容丰富。希望有志者重视对它的研究，只要辛勤耕耘，定能五谷丰登。

金生叹先生曰："开门七件事""三百六十行"，今天仍然常常出现在人们的口语中，可见明代辉煌的文化对后世深远的影响。现在的某些清史研究者，一叶障目，甚至闭目塞听，把明朝贬得一钱不值，把清朝捧上天，是典型的数典忘祖。

2005年3月25日

从马吊到马将

——麻将风行中国的历史

今日民间最风行的博戏之具，是扑克牌、马将。扑克牌又名纸牌，马将又名麻将、麻雀将、牌九。扑克牌乃舶来品，是近百年前传入中土的；而马吊，则我国古已有之，在明代，马吊牌更风行于世，马将牌就是马吊演化而成的。

从马吊的盛行可知《水浒传》流传的脉络

马吊，又称叶子，玩此牌，在明代称为斗叶子。清初褚人获著《坚瓠集》卷1引潘之坦《叶子谱》云："叶子始于昆山，用《水浒传》中人名为角抵戏耳。"而明中叶陆容的名著《菽园杂记》卷14，则对叶子的形状、风靡程度，详予记载："斗叶子之戏，吾昆城上自士夫，下至童竖皆能之。……阅其形制，一钱至九钱各一叶，一百至九百各一叶，自万贯以上，皆图人形；万万贯呼保义宋江、千万贯行者武松、百万贯阮小五、九十万贯活阎罗阮小七……一万贯浪子燕青。"这种纸牌共四十页，玩时四人入局，人各八页，以大击小，变化多端，饶有趣味。马吊究系何人发明？现已无法考证。清初的粤东文人黎遂球在所著《桐堦副墨》中即曾指出："斗叶子之戏，古盖有之，其以《水浒传》诸人分署，则宋元以来不知何人所为。"从南宋以来，水浒梁山好汉的故事，通过《癸辛杂识》《宣和遗事》的流布，以及评书、戏曲等民间文艺的传播，影响日深，从而在纸牌上打下烙印，本无足怪。但奇怪的是，宋江等健儿的名字出现在纸牌上，含义究竟若何？这在明代乃至清初，始终是人言人殊。陆容有谓："或谓赌博以胜人为强，故叶子所图皆才力绝伦之人，非也。盖宋江等皆大盗……作此者，盖以赌博如群盗劫夺之行，故以此警世，而人为利所迷，自不悟耳！"(《菽园杂记》卷14) 晚明的许自昌则认为："今天下日弄纸牌，而不知其义；其义本自了然，反而为宋江等名目所蔽塞。盖俱钱之数目也。"(《樗斋漫录》卷10) 清初的大诗人王渔洋，更进而指出："宋张忠文公《招安梁山泺榜文》云：'有赤身为国不避凶锋拿获宋江者，赏钱万万贯，双执花红；拿获李进义者（按：即卢俊义，见《宣和遗事》），赏钱百万贯，双花红……，今斗叶子戏，有万万贯、千万贯、百万贯、花红递降等采，用叔夜榜文中语也。"(《居易录》卷24) 但据已故史学家余嘉锡先生考订，宋时官司寻常悬赏告捕，多不过数千贯，仁宗时，赵元昊称兵，陕西经略使夏竦揭榜塞上，购元昊头，才五百万贯，甚至绍兴十年招募擒金兀术的赏格，亦不过除节度使，赐银、帛各五万，田千顷，何况北宋皇祐、治平间天下岁入仅一亿万两左右；因此余氏断定上述榜文"必后之人不谙典故，造作语言，渔洋不考而误载之，所谓'俗语不实，流为丹青'者也"（《宋江三十六人考实》）。如此看来，马吊上的钱数说，也还不能使人信服。到了明末，民变风起云涌，李自成、张献忠更是叱咤风云，故明末清初文士，遂做出种种附会，如戴名世《忧庵集》云："盖明末盗贼群起之象。其曰马吊者，马士英、马吉翔弄权丧邦之谶也……其曰闯百者，李闯王之谶也。其曰献百者，张献忠之谶也……其法四人相斗，而以三家逼一家，为关外及张李三家分裂明土之象。"这种说法，显然太过牵强。明清之际的李式玉在《四十张纸牌说》中谓："三十年来，马吊风驰几遍天下……循其名，角其实，抑亦世变风会使然。"此说有一定的道理。事实上，从马吊的盛行，可以看出《水浒传》流传的脉络；《水浒传》风行于万历年间，马吊正是万历末年逐渐传开的，明末《水浒传》风行天下，对民变起了推波助澜作用，马吊也就愈益盛行，这也许就是"世变风会"之谓吧！

明末大学士酷爱此物

　　明清之际的著名诗人吴伟业，曾用拟人化手法，写了《叶公传》，将叶子亦即马吊，刻画得淋漓尽致："有叶公子者浪迹吴越间，吴越间推中人为之主，而招集其富家，倾囊倒箧，穷日并夜，以为高会。入其坐者，不复以少长贵贱为齿。"(《梅村家藏稿》卷26) 曾几何时，叶子便由吴越传向北方，直至京都的士大夫，也无不同好。清初的石成金载谓："赌钱是市井小人事，何以上大夫往往好之？近日马吊牌始于南中，渐延都下，穷日累夜，纷然若狂。问之，皆云极有趣。"(《传家宝》二集，卷3) 连大学士周延儒也酷爱此物，达到如痴若狂的程度。明清之际的周同谷，曾载谓："壬午（1642年，崇祯十五年）京师戒严，延儒奉命视师，上亲钱之，赐上方剑旌旗，呼拥甚盛。既出都百里，旗牌持令箭，飞马回京。大司马方退朝，遇之大骇，谓戎信孔迫也。都人惊疑相告，既而知为取纸牌诸弄具而已。"时人有诗讥之曰："令箭如飞骤六街，退朝司马动忧怀。飞来顷刻原飞去，立限回京取纸牌。"(《霜猿集》) 值得注意的是，在明末，江南干脆又称马吊为"水浒牌"，著名画家陈老莲曾亲笔绘之，张岱记其事谓："余友章侯，才足扰天，笔能泣鬼……画《水浒传》四十人，为孔嘉八口计，遂使宋江兄弟，复睹汉官威仪。"(《陶庵梦忆》卷6)张岱也曾为"水浒牌"一一作赞,如谓宋江是"盗贼草劫,帝王气象",武松是"人顶骨,一百八,天罡地煞",鲁智深是"和尚斗气,皆其高弟"等。(《琅嬛文集》"赞")画有《水浒传》人物的纸牌,一直到民国初年,还在北方流传着,可见《水浒传》的影响之大。当然,马吊并非一成不变,纯粹画上宋江辈梁山弟兄。在清代的流传过程中,逐渐发生变化。周亮工曾记载:"今江右叶子,有无图象者,有作美人图者。闽之叶子,有作古将相图,有作甲第图者。近又有分鸟兽虫鱼为门类者。"(《因树屋书影》第5卷)笔者年少时,也就是四十年前,还每见乡人在农闲及春节时玩此牌,俗称"看小牌"。牌上已不见宋江之流,而代之以花鸟之类的图案。

据戴名世《忧庵集》载,清初马吊"近日则又变为游湖之法,始于京师之舆人……其法又有曰飞湖曰追湖曰砍湖,其不胜无用者曰臭湖,其法大同小异,大抵以先成者为胜"。这分明是今世马将之滥觞。已故学者瞿宣颖谓:"马将又原于马吊,明以来叶子戏皆以《水浒传》中人物为对象,其后不见人物之状……凡成牌曰湖,湖者指梁山泊也。"(《人物风俗制度丛谈》)马吊与马将之间的传承关系,是很明显的。

金生叹先生曰: 马将真正风靡全国, 是清朝道光以后。男女老少, 不分贵贱, 都酷爱此物, 马将被世人尊为国粹, 大概是恰如其分的吧?

2005年3月20日

酒色财气沾不得

在日常口语中，有时我们仍然可以听到"酒色财气"一词，多半是用以形容某人如何糟糕，说他贪酒、好色、爱财、气盛。如果要找出相对应的词，恐怕只能是"吃喝嫖赌"；但此词多矛头下指，用以斥责无赖小人，此辈向无资格享受"酒色财气"的"殊荣"，因为"酒色财气"虽亦属贬义词，但基本上用以形容富贵或较富贵者，甚至是最富贵者——皇帝。

"酒色财气"出现在人们口语中的历史，不算很悠久。清初浙江仁和学者翟灏撰《通俗编》卷22"妇女"类"酒色财"条谓："《后汉书》杨秉尝从容言曰：我有三不惑，酒色财也。（王祎）《华川卮辞》：财者，陷身之阱，色者，戕身之斧，酒者，毒肠之药。人能于斯三者致戒焉，灾祸其或寡矣。按，明人更益以气为四，今习为常言，莫知其原祇三也。"翟灏的这番解释，影响很大，为《辞海》等工具书所沿袭。其实，翟灏指出汉时仅有"酒色财"的说法，是正确的，而说直到明朝，才增加"气"字，形成"酒色财气"一词，则与历史实际不符。34年前，商务印书馆编者在重印《通俗编》的"出版说明"中指出："又如'酒色财气'一条，以为起于明人，按《东南纪事》卷一已有此语，可知在宋代已经流行。"按，此处《东南纪事》乃《东南纪闻》之误。《东南纪闻》共三卷，见《守山阁丛书》子部，另有《墨海金壶》《四库全书》本。原文是："韩大伦，靳王曾孙也。……翁慨然呼以入，时十七八矣。翁立之于前作色曰：我有四个字，汝能不犯戒，则留，不然去耳。请问之，曰：酒色财气也。"不过，据管窥所及，"酒色财气"一词固然始于宋，但成为人们口语中普遍使用的家常话，仍然是明朝的事。明朝宁献王朱权撰杂剧《冲漠子独步大罗天》，其中有如下描述："[冲漠云]这厮好生无礼，怎敢这般捉弄我。[做怒科]……[外末云]却不道修行人除了酒色财气这四件，才做的修行人。你近日动不动便要打，怎么做得修行人。"（《孤本元明杂剧》第2册）此一例也。更典型的例子，莫过于万历十七年大理寺评事雒于仁的奏疏。此疏献四箴以谏，略谓："臣闻嗜酒则腐肠，恋色则伐性，贪财则丧志，尚气则戕生……臣今敢以四箴献……酒箴曰：耽彼曲糵，昕夕不辍；心志内懵，威仪外缺。神禹疏狄，夏治兴隆。进药陛下，酝醁勿崇。色戒曰：艳彼妖姬，寝兴在侧……进药陛下，内嬖勿厚。财箴曰……隋炀剥利，天命难谌。进药陛下，货贿勿侵。气箴曰：逞彼忿怒，恣睢任情。法尚操切，政鳌公平。虞舜温恭，和以致祥；秦皇暴戾，群怨孔彰。进药陛下，旧怨勿藏。"（《明史》卷234《雒于仁本传》）雒于仁不仅指出万历皇帝朱翊钧"酒色财气"，病入膏肓，并对症下药，贡献箴言，这是何等的胆识！疏入，朱翊钧大怒。刚好当时正值年底，只好将此疏留下再说。过了十天，也就是明年正旦，朱翊钧将阁臣申时行等四人，召到毓德宫，抱怨说："朕昨年为心肝二经之火时常举发，头目眩晕，胸膈胀满，近调理稍可。又为雒于仁这本肆口妄言，触起朕怒，以至肝火复发，至今未愈。"并极力辩解："他说朕好酒，谁人不饮酒？若酒后持刀舞剑，非帝王举动，那是有事。又说朕好色，但宠贵妃郑氏，朕只因郑氏勤劳……何尝有偏她。说朕贪财……朕为天子，富有四海之内……天下之财，皆朕之财。朕若贪张鲸之财，何不抄没了他？又说朕尚气，古云：'少时戒之在色，壮时戒勇戒斗'，勇即是气，朕岂不知？但人孰无气？"并一再声言，"朕气他不过，必须重处。"经申时行等一再劝说，才同意让雒于仁"使之去任可也"（《召对录》，见《宝颜堂秘笈》普集）。从此，雒于仁被罢斥为民，老死田园。显然，万历皇帝拒谏饰非，毫无自我批评。事实上，他是明朝皇帝中"酒色财气"的典型；尤其在贪财好色、吸食鸦片方面，更是明朝乃至整个中国古代皇帝中的臭名昭著者。清初史学家总结明亡教训，每有人指出明亡实亡于万历，这是有相当道理的。"酒色财气"之祸，可谓大矣！

清代关于"酒色财气"的民歌，读来朗朗上口，颇有警世作用。如《白雪遗音》卷三载："酒：和风吹动百花魁，李白好酒又贪杯。高力士脱靴将诗做，贵妃敬酒饮三杯。唐王宠，有光辉，醉倒金銮甚施威。后来是水底捞明月，满腹文章一笔勾。劝君莫贪杯。色：开放池莲夏景天，好色贪花吕奉先……后来是白门楼下斩吕布，可惜英雄美少年。劝君莫近奸。财：丹桂飘香秋景残，积玉堆金沈万三。洪武将他来盘算，问事发配到云南。……万贯家财有何用，不如一日有三餐。可保一身安。气：（略）。"乾隆年间吴县文人沈起凤著《谐铎》卷四，有酒戒、色戒、财戒、气戒四则故事，读来极有味，其中有谓"天地间，礼义廉耻、酒色财气，如武侯八阵图，廉为生门，财为死门"。真是一针见血，发人深省。

当然，应当看到，明清时代人们对"酒色财气"的否定，难免带有当时思想水准的痕迹；某些言论一概笼统地反对饮酒、近色、聚财之类，散发着道学气息，这是不可取的。常言道：好事太过必为殃。像万历皇帝那样的"酒色财气"迷，均已走向反面，不独危害自己，更重要的是危害社会，理应遭到世人的唾弃。质之普通好酒、近色、敛财、有气诸君子，以为然否？

金生叹先生曰: 万历皇帝虽然贪财好色, 拒谏饰非, 但对于尖锐批评他的雒于仁, 只削职为民了事, 也还算有可取之处。

2005年3月26日

"岂唯示朴淳，正欲知忧患"
——明代江南园林忧思录

我生于江南，长于江北，成年后又在江南学习、工作达25年之久，江南真使我魂牵梦萦。犹忆1956年冬，我在复旦大学历史系读书，寒假时，去苏州探亲。我冒着江南难得一见的鹅毛大雪，游拙政园，见到一位银髯飘拂的长者，在临水轩内，弹古琴，《梅花三弄》优雅而又昂扬的旋律，随着雪花在园中飞舞，不仅内心深感温暖，灵魂似乎也被净化了。遥想几百年前，明代园林主人造园时的儒雅风流，建园工匠的胼手胝足、巧夺天工，怎不使人临风怀想，钦敬有加。

忆江南，最忆是园林。即以俗称"上有天堂，下有苏杭"的我的出生地苏州来说，拙政园、留园、西园等园林的绿亭朱栏、小桥流水、粉墙竹影、叠石堆云、春花秋月……无不使人低徊沉醉，流连忘返。但是，今天苏州拙政园、留园等几座明代遗留下来的园林，不过是明代江南园林鼎盛时期的"夕阳残梦"而已。明中叶，经过明初以来的休养生息，江南的社会经济，有了长足的发展。经济的繁荣，刺激了

明代苏州留园。素描。《中华遗产》创刊号。

消费文化的增长。作为达官公卿、富商大贾消费（休闲）的极致——园林，便应运而生，且有雨后春笋之势。在成化、弘治、正德年间，及嘉靖、万历时期，曾先后出现过两次高潮，后一时期更是高潮迭起，让人目不暇接。以南京而论，园林在数量、质量上都超过了历史上的洛阳名园。其中最著名的有16座，为东园、西园、凤台园、魏公西园、万竹园、莫愁湖园、市隐园、杞园等。在松江府，有上海潘允端的豫园（即今城隍庙边上的豫园）、华亭（今松江）顾正谊的濯锦园、顾正心的熙园等，都是"掩映丹霄，而花石亭台，极一时绮丽之盛"（清·吴履云：《五茸志逸》卷1）。而绍兴的园林之多，更使人叹为观止。不仅城内有园林，城外的东、西、南、北，都遍布园林，少则10处，多则20多处。

这些园林都造价昂贵。有的园主为修建园林，耗尽家产，甚至举债度日。他们无不希望园林能长存，永葆永享，后代子孙能代代相传。如果说，这些人中许多都是浑浑噩噩者，个中也有众醉独醒者。成化丁未（1487）进士石瑶（字邦奇，藁城人）在《章锦衣园饯克温》诗中写道："惜别住郊垌，名园及璀灿……主人爱真景，废榭临断岸。岂唯示朴淳，正欲知忧患。"（明·石瑶：《熊峰集》卷1）这首诗很有史料价值。你看，园主故意保存断岸边的废榭，不加修葺，意在告诫子孙，要保住园林，很不容易，弄得不好，就会像废榭一样，使园林沦为榛莽，化为冷烟寒灰。"岂唯示朴淳，正欲知忧患"，园主章锦衣的忧患意识，可圈可点。

明代江南园林发展的大趋势，是速兴速衰。曾几何时，多数园林都很快换了主人，有的园林成了残垣断壁，寒鸦败柳。固然，这是土地兼并加剧、阶级关系迅速变动的产物。"君子之泽"，由先秦的"五世而斩"，演变成"二世而斩"，财产所有权变动之快，让人为之咋舌。但是，这与不少园主子孙缺少忧患意识，忘记父辈或祖辈建园时的千辛万苦，也忘记了历史上那些名园而今安在哉的教训，花天酒地，穷奢极侈，败了家产，只好将园林拱手让人，或无力维修，任其荒芜，是紧密相关的。唯其如此，到了明末，特别是经过清兵下江南的野蛮破坏后，明代江南园林，已经所剩无几，人们面对历史文献上记载的江南园林鼎盛时期的繁华景象，只能感慨万千，于梦中去追寻当年的胜境。这就是历史的无奈。

忧患意识，又岂止事关明代江南园林的兴废。不，有没有忧患意识，更准确地说，有没有很强的、常备不懈的忧患意识，关系到国家、民族的命运与前途。

好几年前，我曾应邀到中国人民大学作过一次关于忧患意识的学术演讲。经过认真思考，我给忧患意识下了个定义：忧患意识，是对国家、民族历史与现实的，怀有悲剧情怀的一种深层次的思索。须知，如果我们忘记了历史教训，我们就会重蹈覆辙，重犯前人的错误，严重的，会给国家、民族再一次带来深重灾难。

让我们还是回到江南园林的话题。公元1645年春，清兵南下，大肆烧杀，正如时人记载的那样，"乡绅之楼台亭榭，尽属荒丘……所谓锦绣江南……及遭残毁，昔日繁华，已减十分之七"。（清·曾羽王：《乙酉笔记》）而杭州的园林，更是"百不存一"。仅此而论，我们也可充分看出，清兵的入关、南下，对汉族地区的经济、文化，起了多大的破坏作用！可是时下，某些清史学者，居然为清兵入关大唱赞歌，这不是严重歪曲历史又是什么？颠倒历史是非，将严重误导年轻一代。更有甚者，北京某教授公然著文，为祸国殃民的"文化大革命"翻案，极尽评功摆好之能事。如果人们都像此人一样，忘记了"文化大革命"的惨痛历史教训，有朝一日，"文化大革命"或类似"文化大革命"的灾祸，就有可能卷土重来。有识之士，切不可等闲视之。

"岂唯示朴淳，正欲知忧患"，值得我们深长思之。

金生叹先生曰：常言道"人无远虑，必有近忧"，大至国家、民族，小至个人，忧患意识都是重要的。现在学界有人哗众取宠，颠倒历史是非，大做翻案文章，为清兵入关评功摆好，甚至为"文化大革命"唱赞歌，都是对忧患意识的否定，对历史正义的反动，国人切不可等闲视之！

2005年4月12日

"海"上生明月？
——明朝文人下"海"一瞥

此"海"非烟波浩渺的东洋大海之海，乃下"海"经商之"海"。"下海"时下成了风行神州的时髦名词，大有人们纷纷都要跳"海"之势。某些文人，或跃跃欲试，或已在"海"中扑腾，真可谓沸沸扬扬。这使人想起明朝中叶后"上下交征利""以货殖为急"的情景。而当时文人"下海"的状况，尤其值得探讨。

明朝文人"下海"，时有所闻。早在明初，有个擅长书法的林节，曾"贸易海上，获金巨万"（黄印：《锡金识小录》卷8），后归故乡无锡，购良田美宅，终老林泉。又如明初新安人黄敬宗，幼年也曾苦读，志在功名，后来还是走上经商道路，"不数年得缠十万贯"（《新安黄氏会通谱》），遂返乡，志不再出。但是，明初的文人下海，终究是个别现象。明中叶后，则下海者渐多。如嘉靖时苏州"平江，洞庭人，施麟子，经读书能诗，隐身商贾"（余永麟：《北窗琐语》）；休宁人汪东瀛"通习经传，旁及子史百家，至于音律之妙，靡不究竟"，若果真如此，此人也是个文化人，后来他"意薄进取，挟赀皖城"，"远近商游于兹者，咸师事之"（《汪氏统宗谱》卷37），自然也是个"下海"者；无锡著名富翁华氏，原是塾师，用现在的话说，课余从事第二职业，为商人出谋献策，并出奇制胜，囤积板枝花，终于赚"银几百万"（花村看行侍者：《花村谈往》）；而福建晋江、福清更风行"学不遂，则行贾四方"，如黄继宗，曾"习举业"（《泉州府志》卷59），张志立"舍儒就贾"，杨乔"十岁通经史大义"，人才难得，但后来也"辍儒之贾"（《泉州府志》卷59）。如此等等。文人"下海"的情景，在明人小说中也有所描绘。如《初刻拍案惊奇》卷1的著名故事《转运汉巧遇洞庭红》，描写落魄文人文若虚跟着一帮商人到海外做生意，结果成了"闽中一个富商"。

但综观明朝的文人"下海"，从整体上看，根本不成气候。"下海"者多半是因穷困所逼，赚钱糊口、养家，目标原本很低，苟有所获，即弃"海"返乡，如前述黄继宗，系独子，"身任家政，遂堕功名事矣"，以经商撑持门面；黄继宗之"下海"，是因为"父殁，家贫"；张志立"舍儒就贾"，是因为他的四个弟弟俱早逝，"家徒四壁"；早慧的杨乔"辍儒之贾"，缘于"父及伯兄继殁，仲兄遭宿疾，不任治生"。凡此足以表明，这些人与其说是看到了经济大潮滚滚而来，想弄潮涛头，当个财神，还不如说他们是被穷神推入

"海"中，艰难一搏，免成饿鬼。所以他们侥幸发财后，仍然回到土地上，过着或富裕或小康的生活，对国计民生、经济发展，并无建树，因此，尽管他们有文化，但思想境界，并不比其他商人高出一头，因而也就不可能对历史发展做出积极的贡献。

事实上，明朝的著名文人及有成就的文人，根本无人"下海"。顾炎武在北方经营过土地，但那已是明朝灭亡、他亡命到北方避祸的清朝初年的事了。前述的那些文人，多数人的实际水平，恐怕也不过是粗通文墨，能写会算而已。塾师不全力教学，培育人才，而去赚大钱，本身就是个悲剧。明朝塾师就业毫无保障，薪水太低，当时的塾师曾悲愤地呼号："先生虽读万卷书，一字不堪疗饥腹。"（《北窗琐语》）这些人"下海"后侥幸发大财的很少。无锡华氏的发家史，带有传奇色彩，难以尽信，则文若虚的发迹，因为是小说中人物，自然只能以虚无目之。明朝已是中国封建社会后期，具有更鲜明的官绅商一体的色彩。大官僚、大地主，凭借他们的权力、财力从事商业活动，甚至连皇帝（正德皇帝）也经商；而大商人又往往通过铨选，卖官鬻爵，使商业政治化。从本质上说，在官本位的明朝社会，文人视仕途为正道，而作为蚩蚩小民的下层落魄文人，即使跻身商业，也不是官商、巨贾的竞争对手。更重要的是，士大夫一朝登第后，立即身价百倍，应有尽有。明清之际吴履云写道："……上大夫一登第后……日奔走于门墙者，皆言利之徒也。或云某处田庄岁可取利若干，或云某人借银岁可生息若干，某人为某事求一覆庇亦可坐致若干"。(《五茸志逸》卷1》) 时人顾公燮甚至谓："明季缙绅，威权赫奕。凡中试者，报录人多持短棍，从门外打入，厅堂窗户尽毁，谓之改换门庭。工匠随行，立即修整，永为主顾。有通谱者、招婿者、投拜门生者，乘其急需，不惜千金之赠，以为长城焉。"(《消夏闲记摘抄》上) 真是安然家中坐，富贵送上门。这与"下海"的文人，在江湖上吃尽千辛万苦，才能赚到若干银两，弄不好赔光老本，甚至毁家亡身，是何等鲜明的对比。"海"上生明月？否。"海"上浪急雾沉沉，文人下"海"欲断魂。

随着人类社会的发展，社会分工愈来愈细。这是文明的标志。文人应当用他们优秀的精神产品，为社会服务。不管出于什么样的动机，明朝的文人"下海"，显然是违背社会分工原则的一种历史倒退行为，不值得肯定。

金生叹先生曰：其实，在文人中，不是谁想下海，就能下海的。倘没有精明过人的商业头脑，下了风波险恶的商海，就有可能被淹死，或喝了大量的水，呛得两眼发白，才挣扎着爬上岸来。这还有何意味！因此，有特殊商业才能者，自应下海，大显身手，恭喜发财。无此才能者，还是各就各位，认命为好。

2005年3月17日

神童的悲哀

　　近年来海外一家杂志，批评国人崇奉国粹的种种现象，其中之一，就是宣传神童。我认为这个批评切中时弊。

　　神童一词，妇孺皆知。在我们的报刊、电台、电视台等新闻媒介中，不时能看到、听到关于各种神童的消息：三岁识字、四岁画画、五岁作文、十岁上大学……不一而足。语曰"人生识字忧患始"，要是读一些史书，恐怕更难免忧从中来；我对于不时出现的对神童的报道、渲染，即心窃忧之。何以故？答曰：早慧未必成大器，艳说神童，有可能使人坠入封建文化的迷雾之中。

　　中国历史上的神童，可谓多矣，对此，台湾学者写了一部专书。不可否认，有的儿童确实是聪慧过人的，据《梁书·刘孝绰传》载，孝绰"七岁能属文"，这自然有点稀奇了，而其舅是位大官，经常带着他在亲友处卖弄，"号曰神童"，则纯属拔高。尤有甚者，唐宋两朝科举有童子科，赴举者称应试神童。大中祥符八年（1015），宋真宗召试神童蔡伯俙，让他对对联，朗读真宗的诗作，居然被授予"秘书省正字"的官职，这一年，蔡伯俙才三岁。由于他有宋真宗赐予的"三岁奇童出盛时"的诗一首，成了护身符，从此一直做官，到80岁退休时，竟已食禄70余年。若问此人对国家的贡献，对不起，"寂无所传"（王明清：《挥麈后录》卷5），毫无建树。

有些儿童，往往在某一点上，显示出特殊才能，但其他方面，则与常人无异。如果家庭、社会引导得法，可能在长大成人后，成为人才；如果引导不得法，加上其他一些因素，则可能不但不成才，甚至会先聪后愚，成为笑柄。明代万历年间的孙庚，吴江人，童年时很聪敏，善于做对联，如："莺梭柳线，织成一段春光；雁字云笺，写出几行秋意。"确实很美。但也不过是对联做得好而已，人们竟"皆以大物期之"，以为他长大后会成为有成就的大人物。结果怎么样？孙庚成人后竟愚不可及，"人皆笑其痴"（沈瓒：《近事丛残》），索性都叫他孙痴了。

报纸上曾揭露河南有个青年农民，号称神童，出版了《弃九速算法》一书，但一查，不对了，原来是抄袭他人成果的骗子。这种招摇撞骗的"神童"，实在也是古已有之。明末的江南，更是不乏其人。当时，专门有人教儿童学书大字，背几首诗，其他皆茫然不知，然后到处打着神童的旗号，所谓写字作诗，出入官府，官吏们夸上几句，就成了逢人便炫耀的资本，身价也就高了起来，以致"累月而至千金"。无怪乎明末思想家黄宗羲把这些神童列为晚明社会病态的七怪之一，痛斥上述教育法是"以教胡孙禽虫之法，教其童子，使之作伪，将奚事而不伪"（《南雷文案》卷10）。

实践出真知。学海无涯苦作舟。从历史上看，那些有大成就的学问家，有的固然儿时聪敏，但也有的儿时愚钝，他们的成功之道，关键在于能几十年如一日，刻苦学习，在书海中永不疲倦地航行，并注重社会实践、科学实践，才成为一代英才。仅凭小聪明、神童而成大器者，一个也没有。有句老话说：10岁的神童，20岁的才子，30岁的老而不死。这是对仅靠一点天资颖慧吃饭而不成气候的神童、才子的嘲讽，语虽辛辣，却一针见血。

我以为，我们的新闻工具，应当尽量少宣传、甚至不宣传神童。在人才的造就上，顾炎武的读万卷书、行万里路，应当永远成为我们的座右铭。

金生叹先生曰：人生如长跑。某些所谓神童，可能开头几步跑得比较快，但不等于后面漫长的路就一定跑得好，跑得快。如此而已！艳说神童，何其愚也！

2005年3月16日

"黑漆漆装下了陷人坑，
响当当直说出瞒天谎"
——明朝流氓与流氓意识

一般说来，流氓是游民阶层的产物，随着城市经济的发展，流氓的队伍会不断扩大。这是因为，一方面，部分游民进入城市，无正当职业，只能以歪门邪道糊口；另一方面，城居地主、权贵的增多，使某些爪牙、鹰犬之流，背后有了靠山。以明代而论，流氓闹得凶的，是成化以后，嘉靖、万历时期，更是猖獗一时。这正与明代社会经济的发展如影随形：成化以后出现了一大批城镇，嘉靖、万历时期，封建的都市经济生活更日趋繁荣。流氓及流氓意识，给明代的政治、经济、社会生活，打上了很深的烙印。

一

明代的流氓，不仅成群结队，人数众多，并且有他们自己的组织。有的以所纠党徒人数作为绰号名称，如十三太保、三十六天罡、七十二地煞；有的以手中的武器作为绰号，如棒椎、劈柴、槁子等。这些人"犯科抒罔，横行市井"；"赌博酗酗，告讦大抢，间左言之，六月寒心，城中有之，日暮尘起"。（顾起元：《客座赘语》卷4）真是无所不为，为害一方。近代武侠小说中，经常描写明清时的丐帮，这是有历史依据的。以北京而论，时人曾谓"娼妓多于良家，乞丐多于商贾"，仅"五城坊司所辖不啻万人"。（谢肇淛：《五杂俎》卷3）这些乞丐，也是分成若干股，各有活动地盘。南方淮阳的丐帮，则宿于船中，四出活动。（李乐：《见闻杂记》卷10）这些乞丐"大抵游手赌博之辈，不事生产"（谢肇淛：《五杂俎》卷5），其中的相当一部分人，干着流氓勾当。万历初年，北京城内有个流氓团伙，"结义十弟兄，号称十虎，横行各城地方"；其中的一"虎"，叫牛二，与《水浒》中横行街市的"没毛大虫"流氓牛二同名同姓，耐人寻味。这个团伙的头子叫韩朝臣，是锦衣卫的成员。（郑钦：《伯仲谏台疏草》卷下）在南方的杭州城内外，流氓"结党联群，内推一人为首"（陈善等修：《杭州府志》卷19，《风俗》），显然也是有组织的。万历年间，苏州还出现了专门打人的流氓组织"打行"，又名"撞六市"，"分列某处某班，肆行强横"。（范濂：《云间据目抄》卷2）"一人有不逞，则呼类共为抨扶，不残伤人不已。"他们打人有特殊伎俩，或击胸肋，或击腰背、下腹，中伤各有期限，或三月死，或五月死，或十月死、一年死，"刻期不爽也"。（范守己：《曲洧新闻》卷3）其头目，今天有史可考的，有绰号"一条龙"的胡龙、绰号"地扁蛇"的朱观，"嗜抢如饴，走险若鹜"，"皆郡中（按：指松江）打行班头也"。（佚名：《民抄董宦事实》）在明末清初天下大乱之际，"打行"更是趁乱而起，在江南胡作非为："小者呼鸡逐犬，大则借交报仇，自四乡以至肘腋间皆是也。"（沈蔡：《紫堤村志》）

二

明代流氓的活动，五花八门，概言之，主要有以下几个方面：

打：动辄无端拳脚相加，甚至使出闷棍，是流氓的家常便饭。如杭州的流氓，一遇到人命案件，就视为奇货，或冒充死者亲属，或强作伪证，横索事主酒食财物，"稍不厌足，公行殴辱，善良被其破家者，俱可指数"。（陈善等修：《杭州府志》卷19，《风俗》）又如明末苏州有个叫陆孙九的人，其妻有文化，字也写得很好，有次偶尔写了一张招租房子的租票，贴在墙上，想不到被几个流氓看见，立即撕下，满嘴下流话。陆孙九愤而找这伙人算账，竟被这些流氓"登门毁器，排闼肆殴。其妻愤甚，遂自缢死"。（《启祯记闻录》卷1）至于前述"打行"，更是赤裸裸地突出一个"打"

字的流氓组织。

抢：在明代的江南，有"假人命，真抢掳"之谣。这是因为，一些流氓"平时见有尪羸老病之人"，藏之密室，然后找巨家富室，为了寻衅挑起争端，将藏于密室者杀死，却反诬是富家所为，打着索要人命，讨还血债的幌子，纠集其党"乌合游手无籍数百人，先至其家，打抢一空，然后鸣之公庭，善良受毒，已非一朝矣。"（许自昌：《樗斋漫录》卷12）嘉靖中叶，北京城中的流氓，甚至趁俺答入寇，京师危急之际，妄图大肆抢劫。史载："时京城诸恶少凶徒，往往群聚，言内外文武大臣家积金银数百万，虏即近城，我等放火抢诸大臣家。"（郑晓：《今言》卷4）

讹：讹诈，要无赖也。这是小股的、单个活动的流氓的惯伎。明人小说《西湖二集》卷20《巧妓佐夫成名》，描写南宋故事，实际上反映的是明朝的现实，其中述及杭州的流氓："还有那飞天光棍，装成圈套，坑陷人命，无恶不作，积攒金银。""飞天光棍"这四个字，便使人不难想见他们所干的勾当。再举一个十分典型的例子：有个流氓年终时，无钱过年，其妻急得团团转，问他怎么办？流氓说，我自有办法。刚好看到一位篦头师傅从门前过，便喊他进门理发，硬要这位师傅剃去眉毛，师傅照办，才剃去一边，流氓便大吵大嚷："从来篦头有损人眉毛者乎？"这位师傅害怕见官，只好"以三百钱赔情"，流氓便用这笔钱筹办年货。其妻见他眉毛去一留一，觉得不顺眼，说："我看你不如把眉毛都剃了，还好看些。"流氓置之一笑，说："你没算计了，这一边眉毛，留过元宵节！"（江进元：《雪涛小书》第113页。国学珍本文库第1集）更有甚者，有的流氓与其妻串通做成圈套，勾引别人上当，大肆讹诈，名曰"扎火囤"，又名"仙人跳"。

骗：招摇撞骗、拐卖人口，是流氓的惯用手法。晚明有个流氓，自吹是包拯的后代，活了一百几十岁，"曾见阎王，放还"，谈话时，开口闭口说"我吃了王守仁狗骨头的亏，可憾，可憾"（李乐：《见闻杂记》卷10），完全是活见鬼。还有人跑到一位名陈嗣初的太史家，自称是宋朝诗人林和靖的十世孙，结果这位太史请他读林和靖的传记，读至"终身不娶，无子"，此人顿时语塞。太史大笑，口占一绝以赠，云："和靖先生不娶妻，如何后代有孙儿。想君别是闲花草，未必孤山梅树枝。"（焦竑：《玉堂丛话》卷8）这真是绝妙的讽刺。据明朝人豫章醉月子选辑的《雅俗同观》记述：有卖驱蚊符者，一人买归贴之，而蚊毫不减，往咎卖者，卖者云："定是贴不得法。"问贴于何处，曰："须贴帐子里。"这真是个辛辣的笑话。而卖驱蚊符，这不过是小骗术而已。明末松江有位姓张的乡绅，平素好侠，有个流氓便投其所好，某日找上门去，腰间佩剑，一副侠客模样，手里提着"一囊，血淋淋下滴"，煞有介事地对这位姓张的说："你的大仇我已经报了，囊中就是他的头。"张某欣喜若狂，当场借给他十万缗。可是，此人走后，张某解囊一看，囊中不过是一个猪头而已，此人也就再无踪影。无怪乎时人沈风峰闻而叹曰："自《易水》之歌止，而海内无侠士千年矣，即有亦鸡鸣狗盗之徒！"（吴履云：《五茸志逸》卷7）应当看到，这种披着侠的外衣的骗子，是很容易迷惑人的。前述的淮阳丐帮，骗拐幼女，罪恶累累。这伙人"善骗术，果饼内置药，幼儿女食之，哑不能言，即抱入舟，浮舟他去，人不得其踪迹。幼女长大，美者淫之，卖弃得高价。其丑者或瞎其目，或断其手脚指，教以求丐话行乞焉。乞所得不如数，痛责甚惨"。（李乐：《见闻杂记》卷10）如此丧尽天良的行径，令人发指。

更须指出的是，流氓染指经济领域，以及流氓意识对商品流通的侵蚀，导致种种欺骗、坑害顾客的行径，迭相发生。如：用假银。正德时余姚人孙乙，"以假银去宁波买牛一头"，牛主拿了银子去纳官钱，被官府追究伪造银两之罪，"悔恨无及，因自缢死"。（田艺蘅：《留青日札》卷9）又如：卖假药。明代杰出的讽刺作家陈铎，在《折桂令·生药铺》中写道："助医人门面开张，杂类铺排，上品收藏。高价空青，值钱片脑，罕见牛黄。等盘上不依斤两，纸包中那管炎凉。病至危亡，加倍还偿。以假充真，有药无方。"（路工：《访书见闻录》第321页）还有人曾作讽刺膏药诗谓:"还有一等好膏药,名唤金丝万应膏,其实有功劳:好处贴肿了,肿处贴不消,三日不揭起,烂做一团糟。"(石成基:《传家宝》三集,卷8)金玉其外,败絮其中,漫天要价,不着边际,也是典型的欺诈行为。在苏州,早在嘉靖时期,方志即记载:"市井多机巧……始与交易,必先出其最廉者,久扣之,然后得其真,最下者视最上者为价相什百,而外饰殊不可辨。"(嘉靖《姑苏志》卷13)再如:卖假酒、掺水。明末江西竟有人声称挖出很多陶渊明当年埋下的酒,"香美不可言"。(李日华:《紫桃轩杂缀》卷3)有的奸商,则往酒中掺水。明末有人曾作《行香子》一首,辛辣地嘲笑松江出的这种淡酒:"这一壶约重三斤。君还不信,把秤来秤,倒有一斤泥,一斤水,一斤瓶。"(吴履云:《五茸志逸》卷1)光禄寺在招待外宾时,也公然"酒多掺水,而淡薄无味……非唯结怨于外邦,其实有玷于中国"。(《明经世文编》卷62)在南方的名城杭州,"其俗喜作伪,以邀利目前,不顾身后"。早在宋代便风行种种捣鬼术,"如酒掺灰,鸡塞沙,鹅羊吹气,鱼肉贯水,织作刷油粉",在明代,更是歪风愈炽,专以欺骗顾客为能事,以致当时民谚有谓:"杭州风,一把葱,花簇簇,里头空!"(田汝成:《西湖游览志余》卷25)

还应当指出,流氓意识渗透到文化领域的恶果,使一些人醉心于弄虚作假,只知道在钱眼里翻跟斗。伪造文物、古董，十分突出，时人记载："近日山东、陕西、河南、金陵等处伪造鼎彝、壶觚、尊瓶之类，式皆古法，分寸不遗，而花纹款式悉从古器上翻模，亦不甚差。"（《大雅堂订正博识》卷6）明末的江南著名文人李日华更指出："自士大夫搜古以供嗜好，纨袴子弟翕然成风，不吝金帛悬购，而猾贾市丁，任意穿凿，凿空凌虚，几于说梦。昔人所谓李斯狗枷、相如犊鼻，直可笑也。"（李日华：《味水轩日记》卷5）明中叶后，江南地区竟出现了专门伪造历史、胡编家谱的"作家"。有个叫袁铉的人，"绩学多藏书"，但却是个穷光蛋。为了发财，他在苏州专门给人编族谱，"研究汉唐宋元以来显者，为其所自出。凡富者家有一谱，其先莫不由侯王将相而来，历代封谥诰敕、名人序文具在。初见之甚信，徐考之，乃多铉膺作者"。（刘昌：《悬笥琐探》）这样捏造历史，实在是强奸历史，在史料里埋下无数钉子。明末，江南还出现了以招摇撞骗为啖饭之道的"神童"。当时，专门有人教儿童写大字，背几首诗，其他皆茫然不知，然后到处打着神童的旗号，所谓写字作诗，出入官府，官们夸上几句，就成了逢人便炫耀的资本，身价也就高了起来，以至"累月而至千金"。无怪乎明末思想家黄宗羲把这些神童列为晚明社会病态的七怪之一，痛斥上述教育法是"以教胡孙禽虫之法，教其童子，使之作伪，将奚事而不伪"。（黄宗羲：《南雷文案》卷10）

三

上述流氓的横行，流氓意识的侵蚀，对社会的危害，是不容低估的。但是，对明朝社会危害更严重的，是明朝政治的流氓化。

清代著名史学家赵翼曾谓："盖明祖一人，圣贤、豪杰、盗贼之性，实兼而有之者也。"（赵翼：《廿二史劄记》卷36）其实，从更准确的意义上说，朱元璋是圣贤、豪杰、流氓之性兼而有之。朱元璋早在坐上大明帝国第一把交椅之前，就以曾拿儒生的帽子撒尿、登上大宝后即屠戮"功狗"、颇有些流氓气的汉高祖刘邦为效法的楷模。（赵翼：《廿二史劄记》卷32）但仅就流氓气而论，朱元璋比起刘邦来，实在是更胜一筹。

不讲信义，翻脸不认账，心狠手辣，是所有流氓——特别是政治流氓的本性。屠杀、迫害当年打江山时与自己生死与共、赴汤蹈火的功臣宿将，是这种流氓本性的大暴露。刘邦杀功臣，主要杀了韩信、彭越，而朱元璋则先后制造胡惟庸、蓝玉大狱，胡狱族诛至3万余人，蓝狱诛至1.5万余人，功臣几乎一网打尽。这种史无前例的滥杀屠戮的行径，正如赵翼所指出的那样："……明祖，藉诸功臣以取天下，及天下既定，即尽举取天下之人而尽杀之，其残忍实千古所未有。盖雄猜好杀，本其天性。"（赵翼：《廿二史劄记》，《胡蓝之狱》）当年以曾向朱元璋建议"高筑墙、广积粮、缓称王"而名重一时的老谋士朱升，早在朱元璋称帝后的次年三月，"即老归山"，要求重返林泉时，左丞相、韩国公李善长特地致书挽留，说什么"先生文学德誉，圣君所知，实儒流之老成，国家之重望……岂宜高蹈丘园，独善而已哉"！（朱升：《朱枫林集》卷10）而这位力劝朱升不要退隐的李老元勋，自己的下场又如何呢？洪武二十三年（1390），朱元璋将李善长扯到胡惟庸案中，假托星变，须杀大臣应灾，杀了当时已是77岁的老人和妻女弟侄家口70余人！事后，著名才子解缙上书为李善长辩诬，（《解学士全集》，卷首《年谱》）驳得朱元璋无话可说，但被冤杀的李善长一家，早已是"血污游魂归不得"了！

给知识分子挂黑牌，更是朱元璋的一大发明。事情的原委是：元顺帝有一头大象，宴群臣时，能拜舞，堪称善解人意。元亡后，朱元璋将此象运到南京，"设宴使象舞，象伏不起，杀之"。看起来，似乎是大象甘愿给元朝殉葬，斯亦奇矣。朱元璋想起元朝旧臣、投降明朝后任翰林侍讲学士的老知识分子危素，下令"作二木牌，一书'危不如象'一书'素不如象'，挂于危素左右肩"。（黄溥：《闲中今古录摘抄》）这种污辱人格、令斯文扫地的丑恶行为，难道不是十足的流氓行径吗？

上行下效。朱元璋的某些子孙——也就是藩王,也是一副流氓、无赖的嘴脸。早在洪武初年,封在山西不久的晋王朱棡,即威逼民间子女入宫,不中意者打死,烧成灰,送出宫外;对宫女滥施酷刑,有的被割掉舌头,有的被五花大绑,埋于雪中,活活冻死;将七至十岁的幼男阉割150多名,伤痕尚未痊愈,就令人运到府内,致使多名幼童死亡。崇祯末年,南昌宁藩的恶少,更"辄结凶党数十人,各为群,白昼捉人子弟于市,或剥取人衣,或相牵讦讼破人产,行人不敢过其门巷,百姓相命曰鏖神"。显然,这些人已完全堕落成有组织、有计划为非作歹的流氓团伙。

明代政治流氓化的另一个重要表现,是动辄在堂堂的金銮殿里以棍子殴打大臣,这就是所谓"廷杖"。诚然,廷杖前朝也曾出现,但明朝却把这种污辱大臣人格的酷刑发展到登峰造极的地步,从朱元璋到朱由检,被打得屁股血肉横飞(有的人当场毙命)的大臣们的凄厉呼号声不绝于耳,从正德时起,更规定大臣被廷杖时,必须脱去衣服,有些大臣因此调治几个月还起不了床,有的落下终身残疾。就此而论,明朝可谓以廷杖始,也以廷杖终。

明代政治流氓化导致了严重后果。其中最值得注意的即为流氓政治化。如臭名昭著的宦官魏忠贤,年轻时本来就是肃宁县吃喝嫖赌样样来、成天与一帮无赖鬼混的流氓,后来赌输了大钱,还不起,走投无路,才自行阉割,进宫当了太监。但正是这样的流氓无赖，却在天启年间掌握了国家大权，专权乱政，称九千九百岁，激化了各种社会矛盾，加速了明王朝的崩溃。

金生叹先生曰：今天的流氓——无论是政治流氓，还是社会流氓，其丑恶嘴脸、作案手段，都与明朝的流氓一脉相承，大同小异。流氓意识已渗透到现代社会的许多方面，普通百姓感受最深的，是经济领域流氓意识的普遍化：合同诈骗层出不穷、假冒伪劣产品防不胜防。显然，扫荡流氓、清除流氓意识，是一个艰巨的历史任务！

2005年3月17日

迷药与蛊毒

清末有首题作《拍花》的诗写道："拍花扰害遍京城，药末迷人在意行。多少儿童藏户内，可怜散馆众先生。"（《都门杂纂·杂咏》）所谓"拍花"，徐珂的《清稗类钞》第39册，解释得颇清楚："即以迷药绝于行道之人，使其昏迷不醒，攘夺财物也。"而用迷药拐卖儿童，最为伤天害理，以至于此妖风大炽之日，连堂堂的天子脚下北京城内的儿童，也失去安全感，躲在家中，不敢上学，这就苦了以教书糊口的私塾先生们啦。明清小说及近代武侠小说中，常常有用迷药谋财、渔色的描写。这并非是小说家的向壁虚构，在当时是确实有这种东西，这种事情的。

迷药

稽诸史籍，迷药大致上可分两类，一种是"蒙汗药"；关于此药的来龙去脉，笔者撰有《论蒙汗药和武侠小说》（刊于东海大学编《中国文化月刊》1989年5月号）等文，有兴趣者可参看，此处不赘述。要言之："蒙汗药"乃曼陀罗花及所结种籽制成，其解药主要是蓝汁。从明清之际的大学者方以智所著《物理小识》卷12的记载看来，是用威灵仙、天茄花、刺豆制成的。而从别的史料看来，则另有名堂。成化十三年（1477）七月，真定府晋州聂村的一位生员高宣之婿，抓获一个男扮女装，以做女工为掩护，奸淫妇女达十载之久的山西榆次县人桑冲，成为轰动一时的所谓"人妖公案"。经审问，桑冲招供，对于秉正不从的女子，"候至更深，使小法子，将随身带着鸡子一个，去青，桃卒七个，柳卒七个，俱烧灰，新针一个，铁锤捣烂，烧酒一口，合成迷药，喷于女子身上"。（陆粲：《庚巳编》卷9）显然，这是另一种古怪的迷药。所谓"桃卒""柳卒"，不知道究为何物。桑冲先后奸淫良家女子182人，令人发指。后被奉旨凌迟处死，真是活该！

蛊毒

我不知道蛊毒始于何时，留待暇时考证。不过，《左传》昭公元年即有"何谓蛊"的话，唐朝学者孔颖达疏曰："以毒药药人，令人不自知者，今律谓之蛊毒。"（《旧唐书》卷135）《裴延龄传》也有"蓄蛊以殃物"的记载。从南宋学者曾敏行撰《独醒杂志》卷9载："南粤俗尚蛊毒诅咒，可以杀人，亦可以救人，以之杀人而不中者或至自毙。"可以看出，宋代南粤地区，流行着颇有些神秘色彩的蛊毒术。

在明代，南方的蛊毒更形猖獗，有蛇毒、蜥蜴毒、蜈蚣毒、草毒等若干种，"食之变乱元气，心腹绞痛，或吐逆不定，面目青黄，十指俱黑"。（李乐：《见闻杂记》卷7）真是可怕极了。但是，道高一尺，魔高一丈。人们在实验中终于逐步找到了检验蛊毒、治疗蛊毒的方法。如："吐于水，沉而不浮"，即表明是中了蛊毒，可以口含黑豆，待豆胀烂，脱皮，嚼之，如感不腥，再嚼白矾（李乐《见闻杂记》卷7）。明末清初的赵吉士，在所著《寄园寄所寄》卷5，则记载检验蛊毒的另一方法是：不管中毒时间多久，插银钗于熟鸡蛋内，含于口中，过些时候，取出鸡蛋，如俱呈黑色，即证明是中了蛊毒。治疗的方法是：五倍子二两，硫磺末一钱，甘草三寸，丁香、木香、麝香各十文，轻粉三支，糯米二十粒，共八味，入小沙瓶内，水十分，煎取其七，候药面生皱皮，用熟绢滤去滓，通口服。病人平正仰卧，令头高，感到腹间不断有物冲心，如吐出，状如鱼鳔之类，即是恶物。吐罢，饮茶一盏，泻亦无妨。然后煮白粥食之，忌生冷、油腻、酢酱。十天后，再服解毒丸三两，又经旬日，身体就完全康复了。这条记载颇详尽，对验、治蛊毒显然是行之有效的。

很可能是从宋到明，蛊毒为害甚烈，引起医学家高度重视，研究出种种"克敌制胜"的药方，以至明代伟大的药学家李时珍在所著《本草纲目》卷4,"蛊毒"条中,记录治蛊之药多达163味,这是很宝贵的医药遗产。据报纸、杂志披露,今日之南亚、非洲等热带地区,蛊毒仍然在危害人类,夺去不少人的生命。近几年来,中国内地也多次发生用蛊毒害人的案件。《湖南法制周报》1993年第2期刊有李林的《蛊毒·乱伦·谋杀》一文,揭露犯罪分子"将山里腐臭变了质的毒蛇捡来,晒干,碾碎成粉末,藏于手指甲缝里,欲施毒时轻轻一弹,毒粉飞落在别人的水杯之中"。当然,这只是蛊毒中的一种而已。看来,严峻的现实表明,我中华医药史上的治蛊良方,很值得当代医家珍视。

金生叹先生曰: 蛊毒是可怕的,是把奇突的杀人刀。但是,我以为,更可怕的蛊毒,是杀人不见血的蛊惑人心的软刀子。"文化大革命"去近未远,人们记忆犹新,什么"防止资本主义复辟","劳动人民不要吃二遍苦,受二茬罪",什么"儒法斗争",害得多少人晕头转向,多少人被迫害致死。现在是21世纪了,应当把硬的、软的蛊毒,彻底深埋在历史的坟墓里!

2005年3月20日

"由你奸似鬼，吃了老娘洗脚水"

——蒙汗药之谜

"那妇人那曾去切肉？只虚转一遭，便出来拍手叫道：'倒也！倒也！'那两个公人只见天旋地转，噤了口，望后扑地便倒。……只听得笑道：'着了！由你奸似鬼，吃了老娘洗脚水！'"——这是我国古典小说《水浒传》中"母夜叉孟州道卖人肉"里一段扣人心弦的故事。这位自称老娘的，就是绰号"母夜叉"的孙二娘；她沾沾自喜的"洗脚水"，不是别的，正是我们在《水浒传》和其他一些古典小说中常常见到的蒙汗药。你看，押送武松的那两个鸟公人，吃了孙二娘下了蒙汗药的酒，顷刻间便被麻醉得死猪一般了。

遥忆童年，读了《水浒传》这段故事，不禁对如此神奇的"洗脚水"，在大为惊叹之余，浮想联翩：世界上到底有没有这种药？它是什么药物组成的呢？这一直是我的心头之谜。后来，当我长大成人，并成了史学工作者后，才知道我当年的心头之谜，实在也是"余生也晚"。原来，古人对蒙汗药早就有过怀疑、研究，力图解开其谜底；他们的辛勤劳动，是十分可贵的。

史籍中对蒙汗药一词，早有记载。明中叶郎瑛写道：
"小说家尝言：蒙汗药人食之昏腾麻死，后复有药解活，予
则以为妄也。昨读周草窗《癸辛杂志》云，回回国有药名
押不庐者，土人采之，每以少许磨酒饮人，则通身麻痹而
死，至三日少以别药投之即活，御院中亦储之，以备不虞。
又《齐东野语》亦载，草乌末同一草食之即死，三日后亦活
也。又《桂海虞衡志》载，曼陀罗花，盗采花为末，置人饮
食中，即皆醉也。据是，则蒙汗药非妄。"（《七修类稿》卷
下，事物类）这里，郎瑛虽然未能指出蒙汗药到底是何物，
但他根据史籍，举出押不庐、草乌末、曼陀罗花三种具有麻

曼陀罗，又名闹羊花、山茄子、喇叭花、
风茄儿、洋金花、老虎花、颠茄树。野
生。主要产于华南各省区，但别的地方也
能见到。"文化大革命"结束前，我在上
海师院劳动时，即看到工地上有盛开的曼
陀罗。来京工作后，我在先后居家的北京
八角村、市中心西什库大街的空地上，都
看到过曼陀罗。

杀人为书天刀锯之刑利

妇孺文孙二娘

明末画家陈洪绶（1598—1652）画《水浒传》叶子中的孙二娘。

醉性能的药草，断言蒙汗药绝非小说家的虚妄之谈，结论弥足珍贵。且让我们来看一看这三种药草吧。

押不庐，李时珍根据《癸辛杂志》，曾予著录：指出这是一种草，有麻醉的效果，虽"加以刀斧亦不知"。

草乌末，顾名思义，是草乌的末。草乌，是当代中药温里药中常用的药物。经化学分析，它含有乌头碱、新乌头碱及次乌头碱等，而乌头碱对人体的各种神经末梢及中枢有先兴奋后麻痹的作用。明初朱橚等所撰的《普济方》中，即载有用于麻醉的"草乌散"。曼陀罗花，是茄科一年生草本植物曼陀罗等的花冠，在明代又名风茄儿、山茄子，今天中医的处方用名，称为洋金花、风茄花。这种花为什么叫曼陀罗花呢？李时珍在《本草纲目》中解释说："《法华经》言：'佛说法时，天雨曼陀罗花。'……曼陀罗，梵言杂色也。"显然，曼陀罗花是从印度传入我国的。但是，系何时传入？有待考证。据我所知，史籍中最早记载曼陀罗花的，似为北宋周师厚在元丰初年写成的《洛阳花木记》（《说郛》第104册）。此书在"草花"类中，载有曼陀罗花、千叶曼陀罗花、层台曼陀罗花三种，但并未指出此花的特性。那么，首先记载曼陀罗花具有麻醉性能的书，是哪一部呢？前述郎瑛《七修类稿》曾引南宋范成大著《桂海虞衡志》的一段有关记载。但查《古今逸史》《知不足斋丛书》等收录的《桂海虞衡志》，均无此段记载。看来，如果不是郎瑛别有所据，就是他搞错了。成书比《桂海虞衡志》稍晚的史籍，则有明确的记载。如周去非谓："广西曼陀罗花，遍生原野。大叶白花，结实如茄子，而遍生小刺，乃药人草也。盗贼采干而末之，以置人饮食，使之醉闷，则挈篋而趋。"（《岭外代答》卷8）这种用曼陀罗花末作麻药，使人食之不省人事，然后窃其财物的行径，堪称开《水浒传》中十字坡下张青、孙二娘夫妇所干勾当的先河。由此我们不难断定，令人感到扑朔迷离的蒙汗药，原来就是用曼陀罗花制成的。实际上，南宋建炎年间窦材在论及"睡圣散"这一药方时，即已明确记载谓："人难忍艾火灸痛，服此即昏不知痛，亦不伤人，山茄花（即曼陀罗花）、火麻花（即大麻）共为末，每服三钱，小儿只一钱，一服后即昏睡。"（《扁鹊心书》）可见至迟在南宋，用曼陀罗花作为麻醉药，已普遍应用于外伤等各科。大概也正因为这种麻药十分普及，曼陀罗花的麻醉性能人皆知之，而且"遍生原野"，所以绿林豪客们才信手采撷，制成蒙汗药，经营他们的特种买卖。

上述文献记载，已为当代的科学实验所证实。江、浙、沪、藏等地研究中药麻醉的大夫，根据《水浒传》所载蒙汗药的线索，经反复试验，终于发现"蒙汗药"的主要成分，正是曼陀罗花。经分析，它含有莨菪碱、东莨菪碱及少许阿托品。1970年7月8日，江苏省徐州医学院附属医院，首次把以曼陀罗花为主药的中药麻醉汤剂，成功地应用于临床，实践证明，麻醉效果是好的。古老的蒙汗药，重放异彩，造福于人类，令人振奋。

但至此，蒙汗药之谜也只能说是解开了一半。因为从《水浒传》的描写看来，当张青把两个麻倒的公人扶起后，"孙二娘便调一碗解药来，张青扯住耳朵灌将下去。没半个时辰，两个公人如梦中睡觉的一般，爬将起来"。这种解药，不可谓不灵！那么，这种解药，又是用什么草药制成的呢？可惜史籍上并无明确记载。但是，北宋时期杰出的科学家沈括，在论述中草药不同部位的药性与疗效时，曾说到坐拿"能懵人，食其心则醒"（《补笔谈》卷3，《药议》）。

这就是说，吃了坐拿的叶子能使人昏迷，但吃了它的心，又可以使人苏醒。而据明代初年朱橚等所撰《普济方》载，在举行骨科手术时，病人服用坐拿草、曼陀罗花各五钱，即不知痛。如此看来，坐拿草与曼陀罗花一样，具有麻醉性能。那么，如果服用坐拿草的心，是否对服用曼陀罗花作麻醉的人，具有催醒作用呢？谨质疑，并提请医药界研究。搞中药麻醉的同志，为了找到曼陀罗花的解药，付出了艰辛的劳动，并已取得重大成果。1972年，国内已经人工合成了毒扁豆碱[毒扁豆碱是毒扁豆种子的有效成分，又称依色林（Eserine）]。以曼陀罗花为主要成分的中药麻醉手术后的病人，"用毒扁豆碱静脉注射，一般经过10分钟左右，就能达到完全清醒"（《中药麻醉的临床应用与探讨》，上海人民出版社，1973年版，第164页）。看来，毒扁豆是当代蒙汗药的解药。但是，古代蒙汗药的解药是不是毒扁豆？不得而知。听说，医药界曾打算组织有关人员到山东梁山地区民间采访，以搞清《水浒传》时代蒙汗药的解药。在我看来，即使去了，恐怕也未必能得到什么结果。因为《水浒传》毕竟是小说，更何况从严格的意义上来说，梁山地区与《水浒传》的关系，实际上并不大。写到这里，不禁想起《广西志》的这一段记载："曼陀罗，人食之则颠闷、软弱，急用水喷面，乃解。"（见清中叶吴其濬《植物名实图考》引文）——"急用水喷面"，也许不失为古代蒙汗药最原始、最土的"解药"吧？

　　常言道：不怕不识货，只怕货比货。古代某些西方国家，并不懂得麻醉药，在施行手术时，为使病人暂时昏迷，只好用棍棒打头，或者放血。对比之下，很早就懂得用曼陀罗花之类作麻药的我国古代先民，生病动手术时，真不啻独享如天之福了。庄子曰："大盗亦有道。"就张青、孙二娘之流用蒙汗药蒙人而论，可谓小盗亦有道，被窃者难哭笑。这当然是第一个发现曼陀罗花具有麻醉性能者所未曾料及的。

金生叹先生曰：从清初方以智的《物理小识》及清代一些案例来看，蒙汗药的解药是蓝汁。可怕的是，至今江湖上仍用古老的蒙汗药害人，但却不知道解药是蓝汁。呜呼！

2005年3月20日

"头脑酒"与"头脑汤"

　　这是古典小说《水浒传》第五十一回"插翅虎枷打白秀英"中的一段故事："雷横听了，又遇心闲，便和那李小二到勾栏里来看。……去青龙头上第一位坐人……那李小二，人丛中撇了雷横，自出外面赶碗头脑去了。"这里的"赶碗头脑"，未免使人有"丈二和尚——摸不着头脑"之感。其实，"头脑"在古典文学作品中是不少见的。元代无名氏的《包待制陈州粜米》杂剧中，小衙内云："俺两个在此接待老包，不知怎么，则是眼跳。才则喝了几碗投脑酒，压一压胆，慢慢的等他。"这里的"投脑"与"头脑"，是同音异字，一回事也。早在几十年前，"头脑酒"便引起学者们的浓厚兴趣。陆澹安（何心）先生在《水浒研究》中说："我从前以为此种酒早已失传了，最近接到读者郭本堂先生来信告诉我，原来山西太原市至今还有'头脑酒'。每逢冬令，各饭馆都有出售，把羊肉数块和藕根等放在大碗里，用黄酒掺入。吃的时候，配以类似面包的熟食品，当地叫做'帽盒子'。初次吃这种酒，很难下咽，习惯之后就喜欢了。"差不多同时，顾肇仓先生在《元人杂剧选》中给"投脑酒"注释曰："用肉豆脯报切如细麸炒，用极甜酒加葱椒煮食之。"但没有交待这种说法的文献依据。对比之下，陆、顾两位先生所述"头脑酒"的用料，显然有所不同。而且，这是否与元代、明代"头脑酒"相一致，还很难说。从史料记载看来，陆澹安先生曾引明代天启年间朱国祯的《涌幢小品》卷下的记载，即："凡冬月客到，以肉及杂味置大碗，注热酒递客，名曰头脑酒，盖以避寒风也。考旧制，自冬至后至立春，殿前将军甲士皆赐头脑酒……景泰初年，以大官不充，罢之。而百官及民间用之不改。"陆先生并说，"'头脑酒'见于昔人记载，我所知道的，只有这一则。"其实，昔人关于"头脑酒"的记载，还见诸明末徐复祚《花当阁丛谈》卷7、清初褚人获《坚瓠集》卷3等，但大同小异，基本上没有越出朱国祯所述范围。因此，严格说来，当时究竟用的什么肉？什么杂味？什么酒？还是个不很清楚的问题。

此外，这种酒为什么叫作"头脑酒"？仍使人费解。近读王仁兴先生的《中国饮食谈古》，引山西民间传说："在傅山（按：清初著名遗民、医生、思想家）的建议下，这家饭馆起字号为'清和元'，八珍汤则易名'头脑'。每逢傅山给体弱需要滋补的人看病，便告诉他们去'吃清和元的头脑'。显而易见，'吃清和元的头脑'这句听来极其普通的话语中，蕴含着吃清和元朝统治者的头脑之意。"这种说法，未免牵强附会。值得注意的是，在明代，"头脑酒"被江南人称作"遮头酒"（《花当阁丛谈》）。遮者，挡也；严冬季节，北京寒气逼人，而每当大风从北方漫卷而至，行人如不戴棉帽、皮帽之类，简直头疼欲裂；而"肉及杂味""注热酒"食下的结果，显然可以增加体内热量，特别是能够活血，这就起到了挡风驱寒、以免头痛的作用。可以说，"头脑酒"即保护头脑之酒也。试想，寒凝大地，当您端起热气腾腾的"头脑酒"，听着窗外北风的呼啸，甚至欣赏着"战罢玉龙三百万，败鳞残甲满天飞"的瑞雪，联想着元、明的故事，发一点思古幽情，肯定会其乐也融融的。

至于"头脑汤"，又究系何物？且让我们看一看《金瓶梅》第七十一回的一段描写："西门庆梳洗毕……须臾拿上粥，围着火盆，四碟齐整小菜，四大碗熬烂下饭，吃了粥，又拿上一盏肉员子，馄饨鸡蛋头脑汤。"看来，这"头脑汤"与"头脑酒"一样，名称奇突。据管窥所及，在历史文献中，有关"头脑汤"的记载，以清代嘉庆年间章杏云著《饮食辨录》卷2所述，最为明确："馄饨：馄亦作馉，以小麦面和绿豆粉作薄皮包葱韭或肉瀹食，或不用包，切肉菜如糜，和绿豆粉为丸，入汤瀹之，其来亦古。唐宋时有肖家馄饨、庾家馄饨，每晨食之，谓之头脑汤，虽无甚益，然汤瀹则不热不滞，必无损也。"原来，"头脑汤"就是馄饨，早在唐宋时，就已经有了这样的名称，资格比"头脑酒"更老。这里的"庾家馄饨"云云，可能是"庾家粽子"之误。唐人《酉阳杂俎》前集卷7记载："今衣冠家名食有肖家馄饨，漉去汤肥，可以瀹茗；庾家粽子，白莹如玉。"读此可知也。不过，区区馄饨，为什么又叫"头脑汤"？这仍然是个不解之谜。此谜不妨暂且抛开一边，让包括笔者在内的在故纸堆里讨生活的人慢慢去仔细研究。这里，我想介绍一种明朝人的"馄饨方"："白面一斤，盐三钱……频入水，拌和为饼剂。少顷，操百遍，摘为小块，捍开，菜豆粉为粋，四边要薄，入馅……用葱白，先以油炒熟，则不荤气。花椒、姜末、杏仁、砂仁酱调和所得，更宜笋菜炸过莱菔之类，或虾肉、蟹肉、藤花诸鱼肉尤妙。下锅煮时，先用汤搅动，置竹条在汤内，沸，频频洒水，令汤常如鱼津样，滚则不破，其皮坚而滑。"（明·高濂：《遵生八笺》卷13）建议有兴趣之美食家，不妨如法炮制，开一家"大明馄饨铺"，很可能会顾客盈门，交口赞誉，名震四方的。至于这块店牌的书写者，我看请黄彰健先生最为合适，因为他是台湾明史学界的老前辈，德高望重，不知黄老先生以为然否？

金生叹先生曰：此文原刊于台湾《大成报》，故有请黄彰健老先生挥洒墨宝之说。黄老曾来中国社科院历史所访问。2000年我访问台湾，曾与黄老交谈，承蒙他赠我其大著两本，高谊难忘。

2005年3月28日

·叁·

文化集锦

书神之吼

在承平时期,国人一向视书为圣物,敬之不暇。凡圣物最易神化,故书有书神,而旧时书商均供奉文昌帝君,大概认为这位司天下文教之命的尊神,直接领导书坊,自有许多方便处。不才儿时,即闻诸老人言,书神庄严,令人敬畏。惜肉眼凡胎,自今未能一睹法相。不过,稽诸史籍,有关书神的记载倒是历历在目,并发人深省。

明清之际的钱谦益是个学者,也是藏书家。但顺治七年(1650)冬,绛云楼的一场大火,将他多年购得的宋元刊本,尽付劫灰,查慎行《人海记》谓:"绛云楼火作,见朱衣人无数,出入烟焰中,只字不存。"这个"朱衣人",与其说是火神祝融的部下,还不如说是书神麾下的兵丁。何以故?读了下文,自然明白。

明末郑仲夔《耳新》卷6谓:"秦进士廷丞嗜学,每困场屋,因感愤,欲取平日所读书悉焚之。方简书,书忽作吼声,遂不复焚,攻苦如故。明年举于乡,又明年成进士。""书忽作吼声",颇堪玩味。分明是面对屡遭挫折便感绝望、公然企图烧书的懦儒，书神愤怒了，大吼一声，以警冥顽不学。

更耐人寻味的是，清初沈起凤《谐铎》卷11谓：南京城钞库街有户人家世代读书，到了儿子某这一代，因读书不能致富，便"下海"经商，将书本弃如敝帚。想不到一天夜里有个朱履方巾者自床后踱出，愤怒地说："予书神也！自流寓汝家，蒙尔祖尔父，颇加青盼。不意留传至汝……为钱奴束缚，使予意气不扬，若不早脱腰缠，则铜臭逼人，斯文沦丧，祸将及汝。莫悔！莫悔！"言毕而逝。某急起，秉烛四照，只有破书数卷，以钱串捆缚，弃置床头，恨书为祟，取火焚之。想不到烈焰起处，房屋、财产"回首相看已成灰"，后竟以贫死。显然，此书神又一次怒吼也。

由此不难看出，钱谦益有钱、有势、有书，但缺德，丧失民族气节，故"读尽诗书也枉然"，终遭书神严惩，落得个"纸船明烛照天烧"。当然，区区钱谦益又何足道哉。值得我们深思的，是那种厌学欲烧书，特别是"铜臭逼人，斯文沦丧"的现象。书神何在？与一切神一样，自然纯属子虚乌有。神话，归根结底，是拐了弯的人话。其中透露出的信息，应当是一目了然的：不读书，相信知识无用论，迟早必遭惩罚。眼下铜臭熏得时人醉，大量青少年弃学、失学，新华书店改成服装店、火锅城，安得有"书神"发雷霆之怒，连连大吼，振聋发聩，不亦快哉！

金生叹先生曰：没有文化的民族，是愚蠢的民族。现在的云贵山区、大西北黄土高原，经济落后，一个最根本原因，是文化落后，人才匮乏。看来，没有文化的振兴，经济腾飞只能是一句空话。"书神"会不会怒吼，关键仍在于政府的政策是不是到位。

2005年3月25日

马桶与文化

　　某日陪友人游故宫，此公在参观了皇帝的寝室后，忽发问曰："皇帝要解手怎么办？"我答曰："上马桶。"他不禁喟然叹曰："看来皇帝的生活未必都很舒服，解手就不如现代人。"诚哉斯言。现代人的抽水马桶，当然比古代马桶卫生、方便多了。但殊不知，马桶的长期存在，正是表明了我国文明史发展的迟滞、缓慢。

　　从整体看来，我国古代对厕所很不重视，直到明清时期连堂堂首都北京，都难得找到几处公厕，便是证明。民间——尤其在北方，则更不必论矣。人们不分男女，随处方便。明人蒋一葵《尧山堂外纪》卷83载谓：王威宁尤善词曲，尝于行师时见妇便旋道旁，遂作《塞鸿秋》一曲："绿杨深锁谁家院，见一个女娇娥急走行方便。转过粉墙来，就地金莲。清泉一股流银线，冲破绿苔痕，满地珍珠溅。不想墙外马儿上人瞧见。"您瞧，女娇娥尚且如此，男人们就可想而知了。但是，这毕竟是在室外、田野的情形。而在室内，尤其是夜间，人们是使用净器的，最常见的，就是马桶。

今日称大小便曰大小解，古代则称大小溲。最早的受溲之器至迟在春秋战国时代已经普遍使用，统称"虎子"，在《周礼》中即有记载。据清代考据家孙诒让解释，"虎子"是"盛溺器，汉时俗语"。看来主要用于小解。而据南宋学者赵彦卫撰《云麓漫钞》记载，到了唐代，因避讳故，改称"虎子"曰"马子"。直到现在，内地民间——如江浙各地，仍称"马子"；不过，供解小手用的木制盛器，则专称"小马子"。器物名称的演变，一般均由繁而简，接近真实。至宋，已通称为马桶。南宋学者吴自牧《梦粱录》谓："杭城户口繁多，民家多无坑厕，只用马桶：每日自有出粪人塞去，谓之倾脚头。"这是再清楚不过的证据了。不过，在实际生活中，仍然是"马子"（又作"杩子"）、马桶并称。如《金瓶梅》第六十一回就描写过李瓶儿"到屋里坐马子"，后来晕倒了。有时亦称净桶、坐桶。晚明江南流行"眉公马桶"，看来是大名鼎鼎的陈眉公的专利。但不管叫什么，马桶与人类的生活是如此密切相关，就必然会在文化上留下种种痕迹。

明代嘉靖年间的著名作家朱载堉，写过一首《天不均·六娘子》的小曲："天不均来地不均，圆帽儿变成方巾，诗云子曰胡厮论。呀！生在马桶前，满口嗑臭文，吃了蝇子惹恶心！"（路工编：《明人歌曲选》）这对当时蝇营狗苟的无耻文人，是十分辛辣而又形象的嘲讽。清代还有人专门写了一首"马桶词"，调寄[黄莺儿]，虽属无聊文字，但描摹颇传神："金漆铁箍腰，贴香臀，坐阿娇，浑如仰放中军帽。红蟢蟢小巢，翠茸茸细毛，依稀谱出淋铃调。涤辛骚，夕阳影里，疏竹响萧萧。"（清·独逸窝退士辑：《笑笑录》卷5）"萧萧"，原注谓："马鸣也！盖吴人谓涤马桶曰萧，实巧合耳。"至于"疏竹响萧萧"，则是描写用竹片扎成的帚（在江苏北部通称"刷马把"）刷洗马桶时发出的声音。而"金漆铁箍腰"，则显然是大户人家使用的比较精致的马桶。时至今日，仍然如此。江苏有首民歌唱道："张家姑娘要陪送，爹娘陪个大马桶。马桶箍亮又亮，马桶盖红又红，张家姑娘看不中。"但这样亮、这样红的马桶，毕竟是少数。笔者童年时住在乡间，每当屋后河中响起锣声，便和大人们一起去看路过的陪嫁船，船上必有贴喜字的马桶，放在船头。回想起来，我看到金漆马桶极少，多数是用猪血、红粉拌和涂料涂抹的，有的马桶甚至是用竹篾箍成的。这是因为船中的新娘，绝大多数是贫苦农民的女儿。但尽管如此，有一只新马桶，毕竟是一件喜事，以至今日民间口语仍不时有谓"新箍马桶三日新"云云。

走笔至此，还是回到本文开头的话题上来，即皇帝使用马桶的情况。以明代而论，宫中马桶共有多少？已不可确考。每日由太监中的下层"小火者""净军"者流，推着净车，清洗马桶。这些净军，五年修造一次，嘉靖初年用银竟达2750两之多。（刘麟：《清惠集》卷6）推算起来，宫中的马桶及采购用银，肯定为数可观。询及文物专家，明清皇帝用的马桶，也不过是金漆铁箍或铜箍而已；慈禧太后用的马桶，虽然内置水银，使粪落桶底无声，但仍然是马桶而已。我见过光绪皇帝使用过的马桶，外罩装饰华丽的柜子，这与我40年前看到的一位乡绅家的马桶，也是大同小异，可见"皇泽"之长久。而从外形上看，千百年来，马桶的形状，大体上非圆形拎式，即长圆口呈四方形挟腰式，呆板之至。而更令人感叹的是，至今内地农村的许多农家，甚至包括大都市上海的一些市民，仍然使用古老的、代代相传的、掀盖即见"黄金万两"的马桶。吁！马桶不去，文明难来，什么时候马桶从中国人的住宅中完全消失了，中国的文化史将翻开全新的一页。

金生叹先生曰：还是那句老话：马桶不去，文明难来。愿"马鸣风萧萧"，早日成为绝响，越早越好！

2005年3月26日

读茉莉花

有人也许会说：茉莉花非书，何故曰读？说看不就得了！余谓不然。茉莉花虽然不是书，但它所蕴藏的文化内容，却胜似一本书，需要细读、慢品，才能领略它的丰富内涵。试问：在我泱泱大国的几亿女同胞中，有多少人叫某莉、某莉莉、某某莉，甚至小名或雅号就叫茉莉花？从南到北，从东到西，真可谓"滔滔天下皆是"，多得不可胜数。这就足以表明，国人对茉莉花是多么喜爱了！

近几年来，流行歌曲大行其道，但就不才听来，能与民歌《茉莉花》匹敌者几希。我国幅员辽阔，几乎各省都有歌咏茉莉花的小调，但其中最流行的有两首，即扬州民歌《茉莉花》、东北民歌《茉莉花》，一南一北，颇有分庭抗礼、平分秋色之势。东北的《茉莉花》，歌词直白："让我来将你摘下，送与别人家"，正是北方人直率、粗犷的体现，其明快得多少有点说白味道的旋律，同样是北国文化背景的产物；而扬州的《茉莉花》，歌词则含蓄得多："我有心采一朵戴"，但既怕"人家笑话"，又怕"看花的人儿骂"，更怕"来年不发芽"，这多么婉约，真个是柔情似水，令人心醉。而其曲调的旋律，也相当轻柔，似春风阵阵，柳枝曼舞。"二十四桥明月夜，玉人何处教吹箫"。只有山温水软、独领明月清辉的扬州，才会有这温柔的《茉莉花》。正像几千年来，我国的南北文化各有特色，虽互相交触，但永远不能互相代替，从而各有千秋，为民族文化增添异彩一样，南、北《茉莉花》"双峰对峙，二水分流"，保持着永恒的魅力。当然，《茉莉花》之所以历唱不衰，也是千百年来民歌《茉莉花》的结晶。我不知道最早的民歌《茉莉花》始于何时？拟他日闲来无事时，在故纸堆中慢慢爬梳、考证。但据我所知，明朝时唱茉莉花的民歌就很流行了。晚明冯梦龙编的《挂枝儿》"感部"卷七，就有一首《茉莉花》："闷来时，到园中寻花儿戴，猛抬头，见茉莉花在两边排。将手儿采一朵花儿来戴，花儿采到手，花心还未开。早知道你无心也，花我也毕竟不来采。"冯梦龙在歌末评曰："知那一朵花无心，还是贪花人心急。"真是一语破的，并有几分幽默感。这首《茉莉花》歌词富有情趣。倘请上海女中音歌唱家靳小才女士用她的家乡扬州话演唱，或请北京的歌星李玲玉小姐用家乡吴语演唱，相信定会使听众大饱耳福。无需思索，我们就能立刻感悟到，今天流行的民歌《茉莉花》，与几百年前流行的民歌《茉莉花》，实在是古月今尘，一脉相承。

茉莉花也深受历代文人墨客的喜爱，留下不少篇章。曹雪芹的祖父曹寅有诗谓："抹丽（按：即茉莉）应愁热，柔脂不忍簪。轻飙恣小吹，半夜展疏襟。"（《楝亭诗别集》卷一）此诗虽诗味平平，但忠实地写出茉莉的习性，喜凉爽，夜半花开。清初著名诗人孙豹人在《溉堂前集》卷9，留下了"秋晴隔院葡萄熟，夜静空斋茉莉香"的佳句。我想善书者，完全可以写成条幅，悬之书斋，盛夏读来，当能消几分暑气。明清之际的文学家王思任，有《为冒辟疆题并头茉莉》诗："鬟花并蒂忽双擎，交颈才分人笑迎。蛱蝶梦魂传素影，鸳鸯心事到无情。玉跗战得钗儿并，香俪投将帐子轻。多少西船章贡下，输他一宿便倾城。"（《文饭小品》）显然，这是对冒辟疆、董小宛伉俪爱情生活的赞歌，并头茉莉是对他俩最温情的祝福。就管窥所及而言，传世的咏茉莉作品，词胜于诗。《憩鹤杂录》载邛州人庐申之《洞仙歌·咏茉莉》云："玉肌翠袖，较似酴醾瘦。几度熏醒夜窗酒，问炎州何许清凉，尘小到，冰花剪就。晚来庭户，悄暗数流光，细拾芳英，黯回首念曰暮江东，偏为魂销，人易老，幽韵清标似旧。正簟纹如水帐如烟，更奈问月明露浓时候。"此词典雅，意境幽远，堪称是阳春白雪之作。与此词类似的，有清中叶苏州人吴锡麟的《咏茉莉花篮·瑶花》："浓香解媚，清艳含娇，簇盈盈凉露。金丝细绾，讶琼壶冷浸水如许。玲珑四映，问怎得相思盛住。已赢他织翠裁筠，消受美人怜取。几回荡着轻舫，听吴语呼时，争傍篷户。拎来素手，爱袖底，犹带采香同趣。斜阳渐晚，看挂向粉舆归去。到夜阑，斗帐横陈，梦醒蝶魂无据。"这大概是咏茉莉最长的词了。清代苏州把花篮统称为茉莉花篮，这是茉莉花最盛行的缘故，茉莉简直成了花的代表了。因此前述吴锡麟的词，标题就叫《咏茉莉花篮》。花篮簪茉莉，实在是赏心乐事。清代苏州才女席蕙文的《虎丘竹枝词》有云："平波如镜漾晴烟，正是山塘薄暮天。竟把花篮簪茉莉，隔船抛与卖花钱。"买花、往花篮簪花的喜悦心情，跃然纸上。南方、北方女性都喜戴茉莉花，但南方女士将茉莉插于鬓边，通常插于右鬓，一朵茉莉足矣；梳髻者，亦有插于髻上的，可谓"动人春色不需多"。北方女性插茉莉，往往缺乏这样的规范化，不免给人以散乱之感。为此诗人舒拉的《虎丘竹枝词》带着不无嘲笑的口吻说："抹丽花开蝴蝶飞，湖船儿女买花归。北人不识簪花格，丫髻山前雪一围。"这虽然对北方女性有些失敬，但我们不难从中再一次看到南北文化的差异。

明朝中叶江南诗人王穉登《咏茉莉篇》云："章江茉莉贡江兰，夹竹桃花不耐寒。三种尽非吴地有，一年一度买来看。"可见至少明中叶前江南并不产茉莉，而是从外地运来的。其实，溯本求源，茉莉本来是舶来品，原产波斯，汉代传入中国，魏晋的记载中，或写及末利、抹厉、没利、末丽等，正如李时珍在《本草纲目》卷12所说："盖末利本胡语，无正字，随人会意而已。"经过国人千百年的培育，茉莉几乎遍布神州大地，仅从明代来看，上自嫔妃贵戚，下到升斗平民，都喜欢茉莉花；而茉莉花茶、茉莉花酒的风行，更使茉莉花声名大振，贫富皆宜，雅俗共赏。明代宋翊《竹屿山房杂部》卷10引江奎诗曰："他年我若修花史，列作人间第一仙。"这是对茉莉最嘹亮的颂歌。由此可见，好花无国界；只要国策能开放，自有名花传进来，并在神州大地上繁衍，为万花竞放的中国文化增添异彩。啊，好一朵茉莉花！

金生叹先生曰：在我老人家看来，在全国流行最广的两首民歌，是《孟姜女》《茉莉花》。前者悲凉，后者欢快。《茉莉花》还远渡重洋，与欧洲戏剧相结合，在世界范围内产生广泛的影响。早在200年前，《茉莉花》已经传至西方。著名歌剧大家普契尼（1858—1924）的歌剧《图兰朵公主》以《茉莉花》作为主要旋律，反复吟唱，贯穿剧情，倾倒无数观众。过去，我对《茉莉花》是如何传到西方去的，茫然无知。2000年5月去台湾开会，访问台湾"中央研究院"，承蒙历史学家王尔敏教授赠送大著《明清社会文化生态》，其中有《〈茉莉花〉等民歌西传欧洲二百年考》一文，阐述详尽，并附有五线谱、乐器图，令我佩服之至，书此致谢。

2005年4月24日

明代皇帝轶闻

朱元璋自学成才

有人曾经说过：刘邦是个大老粗，朱元璋识字不多。刘邦先生与明朝无关，存而不论可也。说起朱元璋，幼年家贫，无钱上学，本是文盲，后来在皇觉寺当了小和尚，很可能曾跟老和尚辈学习，与书结过缘，但终究喝墨水不多；这从他后来参加反元义军，爬上高位后发布的命令常有不少错别字，便可得到明证。但朱元璋坐上大明王朝开国皇帝的宝座后，并未在紫禁城中脑满肠肥，而是继续"绿林大学"的学业，不仅字越写越好，诗也做得像模像样，明朝先后编印的《御制文集》中所收朱元璋诗，显然有的是捉刀代笔，有的经过御用文人修饰，因此我们难以根据这些作品来确切认定朱元璋到底达到了何种文化水平。所幸朱元璋的部分手稿至今犹在，这是我们检验朱元璋文化水平最可靠的依据。

台北"故宫博物院"藏有《明太祖御笔》77幅，大多为朱

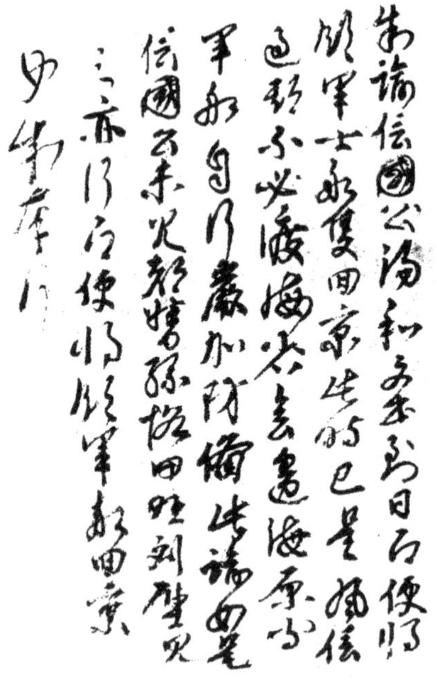

朱元璋书《制论》。见王化成主编《中国历代皇帝书迹选》。国际文化出版社出版。

笔谕旨，间亦有墨笔。后来收入公开出版的《故宫书画录》卷7。其中第25至28幅，是朱元璋写的三首诗，弥足珍贵，现依次抄录如下：“机冗僧来不暇谈，惟教瞠目意窥探。星前好把南禅问，月下尤当只履参。旰食宁知三十熟，宵衣谁谓五更谙。如今昼永禅宜观，世出何忧利物贪。”“野人朝阳缝破衲（按：原作‘纳’，不知是朱元璋笔误，还是手民之误），夜月吟风景自纳。山深树密未见人，皓气九天光周匝。山人终岁栖岩谷，石径苔深坐茅屋。身形似鹤槁灰如，心地一同渊水绿。”（后重录一首，第七句改“去来绝迹亦何宗”，第八句改“心地长同渊水绿”）“僧来相与作闲俦，风月论交去旧愁。石上三山明数劫，禅中五祖历多秋。去来感叹乘元化，由此伤怀固始谋。不预惟禅忘爱欲，那将万事与心揉。轻寒云纳也同班，定起山空座榻闲。岚锁半间客膝室，烟埋全树养身岩。猿嚎夜月听偏切，鹤唳晴天视未还。顷刻蹑盂归隐处，锡飞当涧老龙偿。"这些诗虽然谈不上是传世之作，但比起清朝乾隆皇帝那些味同嚼蜡的诗，要高明多了；而且诗风质朴，虽无"不须放屁"之类神来之笔，但在帝王诗人中，有资格列为二流。由此看来，朱元璋由识字不多，到识字多多，还成了业余诗人，堪称是自学成才的典范。倘若按时下评职称的标准来衡量，朱元璋无疑能弄个兼职教授之类头衔，风光一时。

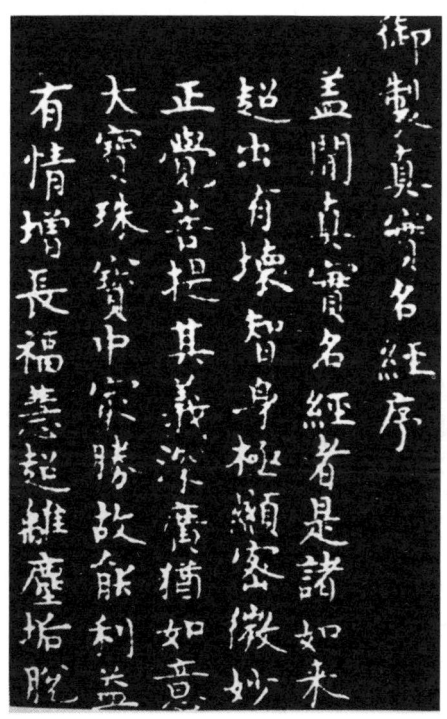

朱棣书《御制真实名经序》节选。见《中国历代皇帝书迹选》。

"老眼昏花"与病危下旨

　　说不尽的朱元璋。他精力旺盛，儿女成群。他与历史上所有的皇帝一样，妄图家天下传之千秋，永葆永享。无奈他的儿子们，多数为封建特权卵翼下的"金盆狗矢"，恣情枉法，无恶不作，有的甚至因此败家亡身。朱元璋反复告诫他们要"蓄养德性，博古通今，庶可以承籍天下国家之重"（余继登：《典故纪闻》卷3）。不过是春风过驴耳而已。洪武二十八年（1395）四月五日，朱元璋在得知秦王朱樉荒淫暴虐，被宫人毒死，王妃亦素遭虐待而自杀后，曾痛心疾首地谕第三子晋王朱棡道："秦有事皆是宫无主，主宫者无昼夜杂处……吾观毒人之计中，在临归寝服樱桃煎，由此而亡。亡由正宫被苦，因宫禁不严，无人关防计较。且如寝宫处所，尔等来朝，吾曾亲引指示吾床，周匝群宫人铺睡处，所有关防有势，秦不以吾言为法，与小人孤处，杀生之祸必生矣。老眼昏花，为诸子之计，又拭模糊老眼，还清稿净行以示诸子。"（《明太祖钦录》，刊于台湾《故宫图书季刊》第一卷第四期）朱元璋的这段"谆谆教导"，实在是可圈可点。由此我们知道，他的儿子即诸藩王按例进京朝贺时，朱元璋曾领他们进宫，参观他的床及宫人睡处、防卫措施；及至暮年，不顾老眼昏花，又亲笔手谕，言之谆谆，舐犊情深，溢于言表。当然，这不过是"枉抛心力作英雄"，丝毫改变不了明朝藩王日益腐败，最终走向灭亡的命运。这是朱元璋的悲剧。

朱元璋的另一个悲剧所在，是他在临终前预感到皇太孙接班可能有问题，其四子燕王朱棣可能抢班夺权。洪武三十一年（1398）五月八日，朱元璋已经病危，所幸脑子还清楚，赶紧在十二日，下旨一道："说与晋王知道，教陈用、张杰、庄德预先选下好人好马，提备临阵时，领着在燕王右手里行。"（《明太祖钦录》）以后，朱元璋的病势有所反复，到了六月二十四日，终于撒手人寰，这个大明王朝的开国第一把手，到阴间的第一把手那儿报到去了。当然，他病危时所下的圣旨，丝毫未能阻止后来发生的朱棣与建文帝之间的骨肉相残，朱棣取得了夺权斗争的胜利。这当然是朱元璋极不愿意看到的历史局面，但又能怎么样呢？当时，他若地下有知，也只能双脚跳，干瞪眼而已。呜呼！

天启皇帝的雅量

天启皇帝朱由校，少年登基，性好动，被史家目为顽童；又因客、魏专权，迫害忠良，而当杨涟上疏历数魏忠贤罪状时，朱由校竟说："事事皆朕亲裁，有何专擅？有何疑忌？"一巴掌把杨涟等打入十八层地狱。因此，朱由校多被史家置于昏君、糊涂蛋之列。其实，也不尽然。有时他很有雅量，就值得充分肯定。天启二年（1622）四月，御史帅众上疏，说"内外朝万岁呼声聒耳，乃巫祝之忠"。天启皇帝阅疏后大怒，说"帅众不许朕呼万岁，无人臣礼"，下令对帅众廷杖并降级。但内阁首辅叶向高反复为帅众辩护，说"帅众不知事体，以为敬君者不在呼万岁之弥文，所谓意圆语滞，不足深罪"。天启皇帝虽没有再龙颜大怒，但总觉得难消心头之气。叶向高又对几个大太监说，"宰相肚若好撑船，则圣上之肚当天空海阔，无不容纳，岂以一二语言计较言官哉！"不难想象，这些话很快便会吹到天启皇帝的耳朵眼里，而且起了积极作用。因此，尽管后来他又下旨责备帅众，令调外任，但经叶向高再次苦谏后，他终于又下旨"帅众免调外任"。（叶向高：《蘧编》卷12）这里，我们不妨假设：倘若帅众是明初人，向朱由校乃祖洪武大帝上这样的奏疏，不被五马分尸或剥皮揎草，而仅仅让他的吃饭家伙搬家，就算洪福齐天了；而如果帅众生活在我们这个时代的20年前，别说上书，就是散布那样的言论，肯定有司即使没赏给他一颗"花生米"吃，恐怕也得在三尺囚牢中闻够尿味后，再判无期徒刑。对比之下，天启皇帝当时能那样宽大帅众，实在不易。

还有一件更让天启皇帝难堪的事：甘肃巡抚李若星将赴任，上疏言时政，其中有劝天启皇帝"远色"，及"毋近龙阳"等语。你想，天启皇帝看了能高兴吗？他立刻传谕斥责，"且谓龙阳非所宜言，当拟入旨中"。由此可见，朱由校毕竟幼稚，倘真的在圣旨中出现"龙阳"字眼，岂非大煞风景，贻笑天下？结果，还是叶向高苦口婆心地对他做工作，并对宦官装糊涂说："龙阳是何物，我尚不知，上何从知之？须说明方可拟。"宦官大笑而去，朱由校也就不再提此事，未对李若星有任何责罚。（《蘧编》卷14）天启皇帝对此事的处理，也是难能可贵的。试想，在中国历代皇帝中，像武则天那样厚脸皮、宽胸襟的，又能有几个呢？就此事而论，朱由校确实就算顶呱呱的了。

金生叹先生曰： 朱元璋在临终前，已经预感到他的交班可能要在血雨腥风中进行，所以才会给晋王下旨，要他的战将在上阵时，监视朱棣。然而后来的事实表明，为时已晚。一个重要因素就是，明初的功臣宿将已经被他几乎收拾干净，其接班人建文帝，缺少有威望的文臣、武将辅佐。这样的历史教训，是很值得后人回味的。人是复杂的。一般史家都把天启皇帝目为顽童，狗屁不通。实际情况并非如此。他的雅量是一般皇帝、一言堂主难以做到的。评价历史人物，切不可简单化。

2005年4月12日

测字·溺爱·挂黑牌

魏忠贤、朱由检之卜

算命、测字，由来久矣，信口开河，纯属欺人之谈。明代正德年间的陈铎，在《满庭芳·相面》这支小曲中谓："指鹿道马，随心判断，劈脸称夸，十人讲论荣枯话，九个全差。"（路工编：《明代歌曲选》，第14页）值得注意的是，这里说的是"九个全差"，而不是十个全差；这就是说，也有个别人或被不幸而言中，或被无意而猜中，这种偶然的巧合是可能的。明末臭名昭著的大太监魏忠贤以及亡国之君崇祯皇帝朱由检，都测过字，他们的结局恰好被测字先生言中了。

魏忠贤在声势显赫之际，听说某测字者来京，"喧传甚验"，便微服私访，问其命运如何，写了一个"囚"字。测字者谓，"囚"者，"国内一人也"！魏忠贤的同行者皆"顿首称奇"。当时，魏忠贤把持朝政，气焰万丈，人称"九千岁"，除"万岁爷"之外，国内确实没有第二个人及得上他。但是，测字者在私下却对人说："目下虽好，只是结局不佳……一人悬在中间，将来必要吊死；四面俱无着落，家业自然荡尽。"（赵吉士：《寄园寄所寄》卷6引《遣愁集》）果然，崇祯帝秉政后，罢黜魏忠贤，抄了他的家，处死与魏忠贤狼狈为奸、败坏朝政的明熹宗乳母客氏，魏忠贤后来畏罪自缢而死。

传说崇祯皇帝在四面楚歌、穷途末路之际，也测过字。当然，他位居九五之尊，是不会像当年魏"九千岁"那样微服而出，去找测字先生问其休咎的。他是派了一个太监，至紫禁城外"探听民间消息"，"遇一测字者"，遂抽了一个"友"字问吉凶。"测字者问：'何事？'曰：'国事。'测字者曰：'不佳，反贼早出头矣。'急改口曰：非此'友'字，乃'有'字。曰：'更不佳，大明已去其半矣。'又改口曰：'非也，申酉之酉耳。'曰：'愈不佳，天子为至尊，至尊已斩头截脚矣。'内臣咋舌而还。"（《曼殊大师全集》，第258页）

崇祯皇帝的押印。青玉质，蹲龙纽。长11厘米、宽9厘米、通高11.2厘米。故宫博物院藏。见《紫禁城》总第127期。

崇祯皇帝书大字。故宫博物院藏。

　　不久，李自成进京，崇祯皇帝悬尸煤山，大明王朝崩解。

　　魏忠贤、朱由检的结局，均被测字者无意而说中，也许是瞎猫撞着死鼠，纯属偶然。更大的可能是：这两则故事，是后人根据魏忠贤和崇祯皇帝的为人、结局，附会、杜撰出来的。不论是巧合也好，杜撰也好，这两则故事，在客观上都尖锐地嘲笑、鞭笞了魏忠贤与朱由检，揭示了封建社会中专制主义独裁者的必然没落。魏忠贤本是乡中无赖，后来钻营到司礼秉笔太监的要职，深受熹宗的宠信：这一来，此人或"挟天子令诸侯"，或假传圣旨，作威作福，把朝政搅得像一锅粥。但是，熹宗一死，他也就"一人悬在中间"，在国人皆曰可杀声中，除了悬梁自尽外，别无他路；恶贯满盈者，例皆如此。就朱由检而论，虽然明朝的灭亡有多方面的原因，但就其本人来说，刚愎自用，除掉了魏忠贤，却继续用太监监军，17年间，竟然换了50个宰相，简直像走马灯似的。如此行事，其国岂能不亡？

严嵩溺爱其子的教训

20世纪80年代中期杭州二熊伏法。在古代封建社会中，此类恶"熊"，比比皆是。但是，无论古今，他们并非天生坏种。后来之所以成了横行不法，为害一方的"小霸王""花花太岁"，其重要原因之一，就是受到握有大权的父母的溺爱。

以明代的严嵩、严世蕃父子而论，严嵩是明世宗时的权奸，官至太子太师、武英殿大学士，把持朝政20年。严嵩对其子世蕃，自小百依百顺，世蕃成人后，公然拉了朝中大臣作马骑；吐唾时，好端端的痰盂不用，要美婢以口盛之，还

严嵩（1480—1567）像。见廖心一著《天子传·明》。

美其名曰"香唾盂"，实在荒谬绝伦! 严嵩对此，听之任之，结果怎么样? 不难想见，这个自小在严嵩溺爱下，在封建特权卵翼下长大的严世蕃，只能是个无法无天的家伙。后来，他官至工部左侍郎，卖官鬻爵，贪赃枉法，终于在千夫怒指之下，被斩首通衢。

鲁迅有两句诗谓:"知否兴风狂啸者，回眸时看小於菟。"动物尚如此，人又何庸言? 但是，像严嵩那样"溺信恶子，流毒天下"，只能是导致其子走上断头台、身首异处的!

危素挂牌

在十年浩劫期间，林彪、"四人帮"给知识分子加了"臭老九"的恶谥，动辄挂黑牌批斗。这并不是林彪、"四人帮"的发明，而是从他们的封建老祖宗那儿批发贩运过来的。挂牌究竟始于哪个祖师爷? 待考。但据我所知，明朝开国皇帝朱元璋，就曾经给当时的大知识分子危素挂过牌子。危素，元朝时曾任翰林编修、礼部尚书等职，修过宋、辽、金三个王朝的历史，注过《尔雅》。元亡，投降朱元璋，任翰林侍讲学士。朱元璋统一天下后，异常专制，对由元入仕的知识分子，更是时加排斥、打击。有一次，朱元璋端坐屏后，危素不知，在屏外散步，元璋闻靴子声，问:"谁?"危素答道:"老臣危素。"朱元璋冷笑一声说:"我只道是文

天祥来!"(祝允明:《野记》第58页,见《丛书集成》初编)
更有甚者,元顺帝有一头大象,宴群臣时,此象能拜舞。元
亡后,朱元璋将此象运到南京,"设宴使象舞,象伏不起,
杀之"。对朱元璋的杀象,我们无须评论。问题是,第二天,
朱元璋即下令"作二木牌,一书'危不如象',一书'素不
如象',挂于危素左右肩"(黄溥:《闲中今古录摘抄》,第2
页。见《记录汇编》)。看来也许朱元璋还顾及危素已是风
烛残年,仅把木牌"挂于危素左右肩";而林彪、"四人帮"
给"臭老九"挂牌时——后来又扩大到老干部,却无不挂在
头颈里,有的虽重达几十斤,也概不例外。就此而论,他们
比起朱元璋来,真是"青出于蓝而胜于蓝"了!

金生叹先生曰:崇祯皇帝、魏忠贤、严嵩父子垮台的教训表明:坚
持封建专制、特权、腐败,必垮!危素挂牌的史实,更让人叹息甚
至窒息。朱元璋也好,继承其衣钵者也好,都有一个共同的臭德
性:视知识分子为狗屎,任意践踏。但历史同样表明:践踏知识分
子的统治者,又有谁能逃脱历史的惩罚呢?

2005年4月12日

明朝的酒与文学、艺术

酒与诗歌

　　明朝诗人中，鲜有不饮酒者。虽然他们跟唐朝的酒仙李白相比，自是无法比拟，不可能"斗酒诗百篇"；但是，一些著名诗人，几乎无一不是善饮者，常常是终日诗酒流连。以至今仍然几乎是妇孺皆知的苏州才子、诗人祝允明与唐寅而论，允明"九岁能诗。稍长，博览群集，文章有奇气……尤工书法，名动海内。好酒色六博……有所入，辄召客豪饮……所著有诗文集六十卷，其他杂著百余卷"（《明史》卷268，《祝允明传》第7352页）。而唐寅更是"与里狂生张灵纵酒……宁王宸濠厚币聘之，寅察其有异志，佯狂使酒，露其丑秽。宸濠不能堪，放还。筑室桃花坞，与客日般饮其中"（《唐寅传》第7352～7353页）。唐寅的《进酒歌》，显然是步李白《将进酒》的风流余韵，在醉眼蒙眬中，感叹着人生无常、来日苦短，视功名富贵如浮云、敝帚，洋溢着浪漫主义的激情：

曲蘖：古人制酒曲法。采自明宋应星《天工开物》。

吾生莫放金叵罗，请君听我进酒歌：为乐须当少壮日，老去萧萧空奈何？朱颜零落不复再，白头爱酒心徒在；昨日今朝一梦间，春花秋月宁相待？洞庭秋色尽可沽，吴姬十五笑当垆；翠钿珠络为谁好，唤客哪问钱有无！书楼朱阁临朱陌，上有风光消未得；扇底歌喉窈窕闻，尊前舞态轻盈出。舞态歌喉各尽情，娇痴索赠相逢行；典衣不惜重酩酊，日落月出天未明。君不见刘生荷锸真落魄，千日之醉亦不恶；又不见毕君扑浮在酒池，蟹螯酒杯两手持。劝君一饮尽百斗，富贵文章我何有？空使今人羡古人，总得浮名不如酒。（唐寅：《唐伯虎全集》卷1，第20～21页）

曲蘖：古人制酒曲法。采自明宋应星《天工开物》。

　　虽然，唐寅曾对朋友说过："吾性嗜酒，必饮而后作诗"（唐寅：《唐伯虎轶事》卷2引《焦窗杂录》），但他并非嗜酒如命的酒鬼。在《花酒》这首诗中，他还告诫人们勿贪酒色：

戒尔无贪酒与花，才贪花酒便忘家；
多因酒浸花心动，大抵花迷酒性斜。
酒后看花情不见，花前酌酒兴无涯；
酒阑花谢黄金酒，花不留人酒不赊。
（《唐伯虎全集》卷2，第22页）

　　事实上，明朝人一些讽喻贪杯者的诗，颇不乏上乘

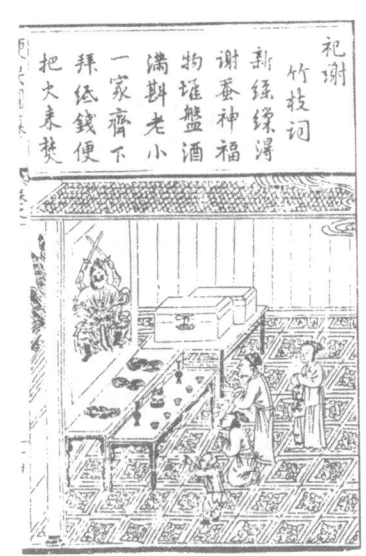

敬天法祖酒。采自明邝璠《便民图纂》。

之作。嘉靖时常熟人周岐凤纵情诗酒，自号"江湖风月神仙"，在僧寺道院厮混，后为人所诬，被官府通缉，东躲西藏，无人敢于接待。他去投奔常熟的大乡绅钱永辉，钱送他一首诗，此诗颇有情致！

闻说多才命未逢，年来无处觅行踪。
一身作客如张俭，四海何人似孔融。
野寺莺花春对酒，河阳风雨夜推篷。
机心尽付东流水，回首家乡似梦中。

（余永麟：《北窗琐语》，第2页）

明·永乐青花玉壶春瓶，故宫藏品。见《紫禁城》总第125期。

万历时著名作家薛论道写的《桂枝香·嘲酒徒》，不啻是对酒徒的当头棒喝：

狂瘠酒病，石坚铁硬。狂瘠大药难医，酒病灵丹不应。两般儿送人，危身系命。黄汤壮胆，青州败名。昨朝无愧今朝愧，酒后不惊醒后惊。（路工编：《明代歌曲选》第108页）

在另一首《沉醉东风·秀才贪酒》中，同样指出了贪酒的危害性：

一醉酒天宽地窄，一醉酒惹祸招灾，一醉酒学问疏，一醉酒聪明坏，把文章送入阳台。不念青春不再来，及回头黄金怎买？（路工编：《明代歌曲选》第99页）

明代浙中举子张子兴（杰）的《中酒诗》，写自己醉后的感觉，不但情真意切，并能情景交融，给人以特殊的美的享受，远远超过前人同类题材中的作品，不失为酒文学中的珍品：

一枕春寒拥翠衾,试呼侍女为扶头。

身如司马原非病,情比江淹不是愁。

旧隶步兵今作敌,故交从事却成仇。

淹淹细忆宵来事,记得归时月满楼。

（无怀山人编：《酒史》第8页）

　　某些诗人有关酒的诗,虽谈不上是佳作,但从这些诗中,我们可以看出当时的一些社会风尚。如英宗时的学者刘昌,在史馆任职时,"日请良酝酒一斗",但饮的少,大部分都藏着。他的朋友汤同谷（胤勣）向他讨酒喝,先写一首诗奉上,诗曰："兼旬无酒饮,诗腹半焦枯。闻有黄封在,何劳市上沽?"（刘昌：《悬笥琐探摘抄》,第29页）真是彬彬有礼,别具一格。而有个叫陈藻（号苍厓）的文士,家中贫困,却嗜酒如命。某日,他口袋里仅有一文钱,却仍然买酒喝了,作诗自嘲道："苍厓先生屡绝粮,一钱犹自买琼浆。家

成化窑,青花莲塘水藻杯。见《紫禁城》总第125期。

成化窑,青花加彩人物杯（高士杯）明代成化年间酒杯。见拙著《明朝酒文化》。台湾东大图书股份有限公司1999年出版。

明"子刚"款白玉单凤双螭万寿合卺杯

人笑我多颠倒,不疗饥肠疗渴肠。"(周晖:《金陵琐事》第91~92页)这也不失为无聊文人的自供状。

酒与民间文学

酒与民歌

不少民歌,都涉及酒,颇有情致。以江南的民歌而论,嘉靖时的吴歌,以苏州的最佳,后来杭州也有很不错的民歌流行,如:"月子弯弯照几州,几人欢乐几人愁,几人高楼行好酒,几人飘蓬在外头。"后来,《剪灯新话》的作者、著名作家瞿宗吉(1341—1427)在嘉兴听到这首民歌,遂翻以为词,云:

帘卷水西楼，一曲新腔唱打油，宿雨眠云年少梦，休讴，且尽生前酒一瓯。

明日又登舟，却指今宵是旧游，同是他乡沦落客，休愁，月子弯弯照几州。（田汝成：《西湖游览志余》第447页）

一首民歌，经过作家的加工，遂成为一首有声有色的词，这正充分表明了，民间文学是正宗文学的源泉。而从明代大量的民歌看来，许多民歌都是与酒交融在一起的，洋溢着男欢女爱的恋情，朴实、真挚，使人读后如饮美酒，回味无穷。如《挂枝儿·醉归》：

俏冤家吃得这般样的醉，扶进来，倒在床，不分南北与东西。是谁家天杀的哄他吃醉？我哥哥的量又不十分好，苦苦灌他做甚的。醉坏了我哥哥也，就是十个也赔不起。

俏冤家夜深归，吃得烂醉。似这般倒着头和衣睡，何似不归，枉了奴对孤灯守了三更多天气。仔细想一想，他醉的时节稀。就是抱了烂醉的冤家也，强似独睡在孤衾里。（冯梦龙编：《明清民歌时调集》上，第67~68页）

第一首《挂枝儿》，可谓写尽了痴情女子对深夜醉归的情郎的怜爱；第二首《挂枝儿》，则使人想起唐朝人的诗句："门外狗儿吠，知是萧郎至。刬袜下香阶，冤家今夜醉。扶得入罗帏，不肯脱罗衣。醉则从他醉，犹胜独眠时。"可见古今风人，所见略同，故能奏异曲同工之效。又如《挂枝儿·送别》："送情人，直送到花园后。禁不住泪汪汪，滴下眼梢头。长途全靠神灵佑。逢桥须下马，有路莫登舟。夜晚的孤单也，少要饮些酒。"（冯梦龙编：《明清民歌时调集》上，第105页）在殷殷惜别时，劝情人少饮酒，是多么情真意切。而《挂枝儿·骂杜康》及《挂枝儿·酒风》，则风风火火，于泼辣中见真性情，如闻其声，如见其人，实在令人称奇：

骂杜康

俏娘儿指定了杜康骂：你因何造下酒，醉倒我冤家。进门来一交儿跌在奴怀下，那管人瞧见！幸遇我丈夫不在家，好色贪杯的冤家也，把性命儿当做耍。

酒风

杀千刀，你做什么身和分！往常时吃醉了还有些正经，到如今越弄得不学长进？又不害甚风颠病，还不安定了六神。你看东撞西歪也，人事全不省！（冯梦龙编：《明清民歌时调集》上，第50、230页）

酒与笑话

当今之世，烟、酒为害之烈，已越来越清楚地被人们所认识，戒烟、戒酒，也就成了人们经常性的话题。但对于"瘾君子"和"高阳客"来说，要彻底戒掉所嗜之物，又谈何容易！以致闹出种种笑话。以今视古，当无不同。明代南

民间供奉的酒神像。见薛伟、殷裴然著《中国民间俗神》，云南人民出版社出版。

京人陈镐，很能喝酒。他在担任山东提督学政后，其父担心他因酒妨碍公务，特地寄信给他，要他戒酒。父命难违，陈镐便拿出自己的俸金，命工匠特制一只大酒碗，能装二斤多酒，在碗内刻上八个大字："父命戒酒，止饮三杯。"被士林传为笑谈。（冯梦龙纂：《古今笑史》第61页）

明末还流行这样的笑话：某人好酒，梦中见到有人送酒给他吃，他嫌冷，教人拿去加热，想不到就在这时候醒了，他懊悔不已，连连叹气道："早知就醒了，何不吃些冷的也罢。"（《新刻华筵趣乐谈笑酒令》卷4，《谈笑门·嘲好酒人》）对于这位酒痴来说，用一句上海的歇后语来形容，大概是最恰当不过了："捏鼻头做梦——困扁了头。"

酒与神话

大概从五代起，在民间行业神中，杜康成了酒铺供奉的神。明朝也是这样。其实，杜康其人带有传说性质，近乎子虚乌有。前人早就指出："世言杜康造酒，魏文帝诗亦云：何以解忧，唯有杜康。但历考诸史，不载杜康何代人氏，唯说名曰杜康，即夏时之少康也，采仪狄酿酒法而润色之。"（徐炬辑，汪士贤校：《酒谱》第1~2页）说杜康就是少康，也并无确切证据。中国自古以来，民间的宗教信仰相当杂泛，往往因人因时因地而异，对酒神的崇拜也是如此。在明朝人的小说中，即曾描写在江南吴县的"一座酒肆"中，

"店前一个小小堂子，供着五显灵官"（抱瓮老人辑：《今古奇观》上，第341页）。看来，在这座酒肆中，五显灵官早把杜康罢官夺权，取而代之了。神话，归根到底，是人话，或者说，是人话的异化。关于酒的神化，也是如此。如郎瑛曾见过南阳人花客胡长子，每天饮百杯酒也不醉，怀疑他有特殊的门道，私下询问他的仆人及同行的人，他们的回答却是："素不能饮，偶梦神授酒药一丸，遂尔如是！"（郎瑛：《七修类稿》卷下，《事物类》，第147页）这样的神话，其实与鬼话也很难加以区分。据明朝人侯甸《西樵野记》记载，景泰年间，绍兴文人葛棠，博学能文，豪放不羁。他在小花园中筑小亭一座，匾曰"风月平分"，旦夕浩歌，"纵酒自适"。其书房的墙上，挂着《桃花仕女图》。葛棠开玩笑地说："如果能得到画中人捧杯，我岂吝千金！"没想到有次夜饮半酣，见一位美女走进来，说："我早就知道您文采风流，并承蒙您白天惦记我，现在我就咏诗侑酒。"葛棠喜不自胜，说："我想吃一杯酒，你就咏一首诗。"结果，这位美人连咏诗百首，葛棠早已酩酊而卧。早晨醒来，看画上的仕女，不知何处去，但不久，又重现于画上。回忆夜间她咏的诗，不少首还能背出，如："梳成松鬓出帘迟，折得桃花三两枝。欲插上头还在手，偏从人间可相宜。""西湖荷叶绿盈盈，露重风多荡漾轻。倒折荷枝丝不断，露珠易散似郎情。""芙蓉肌肉绿云鬟，几许幽情欲话难。闻说春来倍惆怅，莫教长袖倚栏杆。"这则关于酒的神话。交织着诗情画意，令人神往。

明末沧州生产的酒，特别是沧州吴氏、刘氏、戴氏诸家的产品，酒味清洌，行销四方。关于沧州酒，也有一则富有神话色彩的民间传说：

> 沧州城外酒楼，背城面河，列屋而居。明末有三老人至楼上剧饮，不与值，次日复来饮，酒家不问也。三老复醉，临行以余酒沥澜于外河，水色变，以之酿酒，味芳洌。
>
> （阮葵生：《茶余客话》卷10，第5页）

奇怪的是，仅仅是咫尺之遥，除了外河这一地段外，余处水皆不佳。不过，岁月无情，今日沧州的好水，早已渺不可寻了！

酒与艺术

酒与画

天才的画家唐寅，年轻时即以诗酒绘画，名擅江南。老了，依然故我。据载：

> 晚年寡出，常坐临街一小楼，唯乞画者携酒造之，则酣畅竟日，虽任适诞放，而一毫无所苟。（唐寅：《唐伯虎轶事》卷2，第1页）

这真是一位特殊的泡在酒里的奇才。如果断了酒，唐寅的诗与画，恐怕是要黯然失色的。

　　荒村疏篱，酒帘飘拂，深山雪夜，高士独酌，凡此种种，都是明朝文人画常见的主题。嘉靖时浙江永嘉人周才甫，诗、画俱佳，喜欢画梅，"每对客酒间命笔，殊可人意"（朱孟震：《玉笥诗谈》卷上，第13~14页）。

　　画家的笔墨，有时也越过阴阳界，挥洒到阴间去，描摹真正的酒鬼们的雅趣。北京宣武门外的归义寺，是士大夫送行之地。嘉靖中，刑部郎中苏志皋，饯客至寺，一看壁上的画，便忍俊不禁：这是李镇所画判子图，画中的钟馗，脱靴为壶，令一鬼执而斟之，而另外一鬼，却在钟馗身后偷饮。苏志皋戏题一诗云：

　　　芭蕉秋影送婆娑，醉里觥筹射鬼魔。
　　　到底不知身后事，酆都城外更如何！
　　　（胡山源：《古今酒事》，第487页）

这幅画，这首诗，都别有情趣。

　　万历时的著名画家吴小仙，也是与酒结下不解之缘。某次，他"饮友人家，酒边作画，戏将莲房濡墨印纸上数处，主人莫测其意，运思少顷，纵笔挥洒，成捕蟹图一幅，最是神妙"（周晖：《金陵琐事》第292~293页）。同一时期的另一位画家汪肇（号海云，休宁人），善画山水人物，不但爱喝酒，并能鼻饮，没想到这一手，竟救了他的性命。某次，他去南京，途中误上贼船。群贼祭江神，相约夜间劫掠某太守的船，要汪肇也入伙。他表面上答应，却自我介绍善画，给每人画了一个扇面，并用鼻饮酒，逗得贼首开怀大饮，以致沉醉，遂误了劫船。次日，汪肇得便上岸，逃离贼船。他常自负："作画不用朽，饮酒不用口。"（周晖：《金陵琐事》第280~281页）

明末有位画龙的圣手，号"一瓢子"，故事相当传奇：

一瓢子，不知其姓名。性嗜酒，善画龙。敝衣蓬跣，担筇竹杖，挂一瓢，行歌谩骂……居澧阳，年可七十，澧人异之。或具酒蓄墨汁，乞一瓢子画，不能得。一日饮龚孝廉园中，颓然一醉，直视沉吟久之。座中顾曰：此一瓢子画势也。一瓢子……又令小儿跳号，四面交攻，已信手涂泼，烟雾迷空，座中凛凛生寒气，飞潜见伏，随势而成。署其尾曰牛舜耕，问其故，笑而不答。（林慧如编：《明代轶闻》卷5，第8页）

明末，天下大乱，特立卓行之士，往往掩其真名实姓，隐匿于江湖间，与酒为伴，偶露其技，每冠绝一时，令人惊叹。"一瓢子"其人，盖亦此辈中人。其行事，亦如其画，鱼龙变化，令人莫测。世末多悲哀，一代奇才，往往就这样相忘于江湖，真令人嗟叹不已！

酒与制陶

自正德以来，宜兴的紫砂茶壶，历享盛名而不衰。而最著名的制紫砂茶壶的能手，当推时大彬。史载：

> 时大彬，号少山。或陶土，或杂砂硇土，诸款具足，诸土色亦具足。不务妍媚，而朴雅坚栗，妙不可思。初自仿供春得手，喜作大壶。复游娄东，闻陈眉公与琅琊、太原诸公品茶、试茶之论，乃作小壶。几案有一具，生人闲远之思。前后诸名家，并能及。遂于陶人标大雅之遗，擅空群之目矣。（吴骞：《阳羡名陶录》上）

如此看来，时大彬真是一位神思飘逸的艺术家。正如清代诗人陈其年所歌颂的那样："宜兴作者推龚春，同时高手时大彬，碧山银槎濮谦竹，世间一艺皆通神。"（阮葵生：《茶余客话》卷10）而据时人徐应雷《书时大彬事》记载，则时大彬制作那些紫砂神品，其原动力完全是酒：

> 犀象金牛之器，非不贵重，商周彝鼎，非不甚古，余性不能好也。自余来阳羡，有客示以时大彬罂，甚小，而其价甚贵……一日，过诸杨纯父斋中，其人朴野，鬑面垢衣。余问纯父：渠何以淫巧索高价若此？纯父曰：是渠世业，渠偶然能精之耳。初无他淫巧，渠故不索价，性嗜酒，所得钱辄付酒家，与所善村夫野老剧饮，费尽乃已。又懒甚，必空乏久，又无从称贷，始闭门竟日抟埴，始成一器，所得钱辄复沽酒尽。当其柴米赡，虽以重价投之不

应……嗟乎，吾吴中祝希哲草书、唐伯虎画，并称神品，为本朝第一，又并有文章盛名。然其人皆日坐松竹间，散发裸饮，其胸中脩然无一事……今观时大彬一艺，至微不足言，然以转嗜酒，故能精，而况于书与画，而况于文章，而况于学圣人，学佛者也。（《明文海》卷352，第3615页）

显然，时大彬真是一位怪杰。他制作的紫砂茶壶，不仅是心血的结晶，更是酒的结晶。他堪称是酒王国里天才的大匠！

酒与音乐

明人胡应麟（1551—1602）曾谓："唐妓女、歌曲、酒楼，恍惚与今俗类。"（胡应麟：《少室山房笔丛》，第554页）这就间接道出明代酒、音乐、妓女三者之间的关系，是很密切的。事实正是这样。而何良俊则谓："西北士大夫饮酒皆用伎乐。"（何良俊：《四友斋丛说》卷18，第160页）其实又何止西北？举国皆然。也许以经济富庶、文化发达的江南为甚。即以何良俊家为例。他曾自述："余家自先祖以来，即有戏剧……又有乐工二人教童子声乐，习箫鼓弦索。"（何良俊：《四友斋丛说》卷13，第110页）江南大户，缙绅之家，不少人有良好的音乐素养。嘉靖时张居正（1525—1582）的老师顾璘（1476—1545）在南京赋闲家居时，差不多三天一次，大办筵席，"令教坊乐工以筝箫佐觞"（徐复祚：《花当阁丛谈》卷5，第12页）。晚明著名文学家张岱（1597—1678）之弟葆初，六岁时即饮酒，觉得味道不错，遂"偷饮数升，醉死瓮下"，家人"以水浸之，至次日始苏"。真是一位自幼在酒中泡大的人。此公不仅懂诗词歌赋，书画琴棋，而且"笙箫弦管""挝鼓唱曲""无不工巧入神"（张岱：《五异人传》，《琅嬛文集》第80页）。不难想见，此辈欢聚饮酒，自免不了吹拉弹唱。张岱的《定香桥小记》载谓：

> 甲戌（1634）十月，携朱楚生住"不系园"看红叶，至定香桥，客不期至者八人……余留饮……杨与民弹三弦子，罗三唱曲，陆九吹箫……章侯（按：即著名画家陈老莲）唱村落小歌，余取琴和之。

好友相聚，已属乐事，而这些朋友中，多数人又精通音乐，献技侑酒，这就更使人有虽曲终筵散而犹不忍离去之感了。《金瓶梅》中有大量酒与音乐的描写，试举一例：

> 西门庆……与诸人宴饮，就叫两个歌童前来唱。只见捧着檀板，拽起歌，唱一个：
>
> 《新水令》：小园昨夜放红梅，另一番动人风味。梨花迎笑脸，杨柳妒腰围。试问荼蘼开到海棠未？
>
> 《驻马听》：野径疏篱，阵阵香风来燕子；小园幽砌，纷纷晴雨过林西。芳心不与蝶潜知，暗香未许蜂先觉，阑遍

蕉林酌酒图。明陈洪绶作。天津艺术博物馆藏。

倚，不知多少伤心处。

《雁儿落带得胜令》：我则见碧阴阴西施锁翠，红点点鹃缺抛珠泪。舞仙仙研，光帽帽簪，虚飘飘花谷楼前坠。尚兀兀是芳气袭人衣，艳质易沾泥。落处鱼惊，飞来蝶欲迷。寻思凭谁寄还悲，花源未可期。

毫无疑问，饮酒的风尚，促进了民间音乐的发展；而那些歌女、歌童，无论唱的是阳春白雪，还是下里巴人，同样都点缀了酒文化，使之更纷彩多姿。不难想见，如果没有歌声，酒楼就肯定不能吸引更多的来客。因此，音乐的兴盛，同样促进了酒文化的发展。

需要指出的是，歌声是没有贫富界限的。再穷的人，如果偶有酒饮，也往往会唱上一段民歌、小曲，起码也能哼上几句无字腔。晚明时苏州有个孝丐的故事，相当感人：某月夜，有位阔老过桥，听到桥下有歌声，一看，但见一个叫化子跪在地上歌唱，边上坐着一位老太太，叫化子正一边唱着，一边将讨来的酒，献给老太太，劝她饮用。阔老感到惊讶，便问丐儿其故，丐儿说："侬有母，以侬窭不得欢，聊歌唱以发其一粲耳！"（徐复祚：《花当阁丛谈》卷4，第33页）真是人虽穷，情不薄；虽以乞讨苦度光阴，但仍懂得用歌唱为老母侑酒，以尽孝道。对比之下，某些富家儿，虽腰缠万贯，却不知孝顺父母，真该愧死矣！

金生叹先生曰：从本文可以充分看出，明朝的酒文化是多么丰富多彩。当今也有酒文化：举办的酒文化研讨会、葡萄酒节、黄酒节、酒厂举办的笔会，等等。但总的看来，往往是钞票挂帅，促销酒也。多年来，我出席过很多宴会，但在宴会上，酒文化几乎等于零。看来，适当提倡一下酒文化，有助于提高国人的文化品位。

2005年4月11日

读古人临终诗词

　　常言道：人之将死，其言也善。这话大体是不错的。说是大体，是指多数人而言。少数江洋大盗、流氓头子，在被杀头或枪决前，依然恶言恶声，即使是重弹此辈的祖传老调"二十年后又是一条好汉"，也无半点"放下屠刀，立地成佛"的气息。他们多数不识字，自然与诗词绝缘。

　　古往今来，形形色色人物的临终诗词，为数不少，颇可从中窥见各人之心态。

　　北宋权奸蔡京（1047—1126），勾结大宦官童贯，倒行逆施，时称"六贼"之首。百姓恨之入骨，当时有歌谣道路相传："打破筒（童），泼了菜（蔡），便有人间好世界。"金兵攻宋时，他率全家逃难，被钦宗放逐至岭南。途中百姓闻知其名，拒绝售饮食，并痛斥、诟骂。蔡京在轿中长叹道："京失人心，一至于此。"抵潭州（今长沙），作词曰："八十一年住世，四千里外无家。如今流落向天涯，梦到瑶池阙下。玉殿五回命相，彤庭几度宣麻。止因贪此恋荣华，便有如今事也！"（宋·王明清：《挥麈后录》卷8）后数日，蔡京即一命呜呼，此词自应被视为临终绝笔。词的最后两句，尤其是一个"贪"字，可谓点到问题实质；但亦不出自怨自艾范围，对其祸国殃民之罪行，并无反省之意。就此而论，此老至死，仍冥顽不化。

明代洪武中刑部尚书杨靖（1360—1397），是颇具才干的政治家，连朱元璋也夸奖他"千金之珠卒然而至，略不动心，有过人之智，应变之才"（《明史》卷138）。但后来仅因为乡人代改诉冤状草，即被朱元璋赐死，年仅38岁。杨靖临难之日，作绝命词曰："可惜跌破了照世界的轩辕镜，可惜颠折了无私曲的量天秤，可惜吹熄了一盏须弥有道灯，可惜陨碎了龙凤冠中白玉簪。三时三刻休，前世前缘定。"（阮葵生：《茶余客话》卷11）顾影自怜，哀叹大才不永，忠而获咎，"一寸葵花向日倾"，令人嗟伤。"伴君如伴虎"，此语浸透多少忠良、国家栋梁的血泪！

晚明松江名士陈眉公（1558—1639），山人气味太浓，是有争议人物。清初剧作家蒋士铨（1725—1785）所作《临川梦》剧本内，有《隐奸》一出，出场诗纯属讥刺眉公，曰："妆点山林大架子，附庸风雅小名家。终南捷径无心走，处士虚声尽力夸。獭祭诗书充著作，蝇营钟鼎润烟霞。翩然一只云间鹤，飞来飞去宰相衙。"近乎丑诋，显属过分。但就眉公临终手书影堂一联及诀别诗观之，毕竟非等闲之辈。联语曰："启予足，启予手，八十岁履薄临深；不怨天，不尤人，千百年鸢飞鱼跃。"这是何等开阔的胸襟! 遗诗嘱诸子曰："内哭外哭，形神斯惑。请将珠泪，弹向花木。香国去来，无怖无促。读书为善，终身不辱。戒尔子孙，守我遗嘱。"真个是视死如归，全以平常心待之，正如清初学者王应奎（约1683—1759）所指出的那样："先生于去来之际从容如此，虽学问不无可议，而其人固不易及也。"（《柳南随笔》卷1）

大名鼎鼎的苏州才子唐伯虎的绝笔诗，别有情趣："生在阳间有散场，死归地府也何妨? 阳间地府俱相似，只当漂流在异乡。"（《唐伯虎全集》卷3）这"阳间地府俱相似"七个大字，可圈可点，含义深广。其实，幽幽地府何在? 即在人的心中，阴间不过是人造的幻影，阳间的翻版而已。而清初褚人获《坚瓠集》卷2载四明倪君奭临终所赋的《夜行船》词，则令人读来忍俊不禁："少年疏狂今已老，筵席散，杂剧才了，生向空来，死从空去，有何喜，有何烦恼? 说与无常二鬼道：福亦不作，祸亦不造，地狱阎王，天堂玉帝，看你去那里押到?"如此大彻大悟，世人中能有几人哉!

不才拟将古今各色人等的临终诗词，汇集成册，取名《西出阳关无故人》，未知出版界有愿付梓者乎?

金生叹先生曰：有生必有死。死与生一样，不过是物质运动的形式。当然，生命是可贵的，应当珍惜。任何人在临终前，如果仰不愧天，俯不愧地，则虽死犹生。反过来，作恶多端，则虽生犹死。

2005年4月11日

读释澹归：《满江红·大风泊黄巢矶下》

　　近日观画家黄永厚教授作国画《雨欲退，云不放》，但见黑云蔽天，雨斜风狂，江海交织，惊涛万丈；透过这满纸的淋漓水墨，联想历史舞台的翻江倒海，烽火连天，旗鼓征帆，潮涨潮落，不禁倍感历史的苍凉。

　　"雨欲退，云不放"，这是明清之际释澹归《满江红·大风泊黄巢矶下》中的名句。全词是：

　　　　激浪输风，偏绝分乘风破浪。滩声战冰霜竞冷，雷霆失壮。鹿角狼头休地险，龙蟠虎踞无天相。问何人唤汝作黄巢？真还谤。

　　　　雨欲退，云不放。海欲进，江不让。早堆垛一笑，万机俱丧。老去已忘行止计，病来莫算安危账。是铁衣着尽着僧衣，堪相傍。

　　全词壮怀激烈，气魄雄浑，回首历史的无情、无奈，唯有仰天长叹而已。这是三百多年前那一页兴亡史的写照，也是作者慷慨悲壮生涯的缩影。

　　黄巢矶，据《舆地纪胜》卷81《寿昌军》载："黄巢矶，现西与逻洲相接，世传黄巢置石于砦。"释澹归舟行至此，突遇大风，遂泊矶下，触景生情，乃有此篇。一位出家的和尚，怎会有此等襟怀？这只能从他的经历中去找答案。

释澹归俗姓金，名堡，字卫公，又字道隐。生于明万历四十二年（1614），卒于清康熙十九年（1680），浙江仁和（今杭州市）人，27岁时中进士，后出任临清知州，"摘发奸猾，安抚流离"，深受百姓拥戴。他在临清任上，最为百姓称道的是做了两件大事。其一是，临清的豪强大族，与响马、盗贼合流，聚众数万。金堡一身是胆，仅乘一顶小轿，与几个胥吏，抵"其垒，慷慨为陈大义，盗魁感泣"，金堡安慰再三，"解散归农"，使地方转危为安。其二是，崇祯十五年，拥兵自重、横行不法的明军刘泽清部驻临清时，"渔猎百姓"，金堡提出抗议，并针锋相对地逮捕刘泽清的前哨。刘泽清大怒，欲攻城，金堡毫不畏惧，尽散胥吏，一人独坐公堂，刘泽清终不敢动。金堡后又单枪匹马赴僧舍，与刘泽清谈判，化解了这场危机。支持金堡的军民闻之"皆大欢呼，声震数十里"。但是，金堡也因此受到了上司巨大的压力，被迫辞职，"移疾归里"。临清民众"哀号送之，数百里不绝"。

不久，李自成进京，明朝灭亡。清兵入关后，明代的一些宗室逃到南方，建立起了小朝廷抗清，史称南明。金堡先在家乡参加抗清活动，后又投奔绍兴的鲁王政权，见不成气候，便参加福建的隆武政权，却遭到兵权在握、并不想抗清的郑芝龙的排挤、迫害，他的抗清主张化为泡影。隆武小朝廷垮台后，他又辗转至桂林，参加永历政权的抗清复明大业。但是，永历政权与弘光、隆武等南明小朝廷一样，走到哪儿，便将亡明政权的腐败、内讧带到哪儿，在一方残山剩水间争权、夺利，残民以逞。近代词曲泰斗吴梅曾作《仙吕桂枝香·过明故宫》谓："南都经始，北兵飞至。问当初祝发皇孙，有多少传闻遗事？更弘光半年，更弘光半年，春灯燕子，金盆狗矢，不多时，野草迷丹阙，秋槐发别枝。""江山如纸，宫门如市，小朝廷病入膏肓，经不起群雌狂噬……"这是弘光政权的缩影，其实，又何尝不是永历政权的写照？吴党、楚党，势如水火。金堡厕身楚党，越陷越深。他又反对与大顺、大西农民军联合，反对孙可望封秦王，成了无谓的出头椽子。因此，尽管他一心抗清，企图挽狂澜于既倒，却被捕，遭到锦衣卫的严刑拷打，后虽经瞿式耜连上七疏营救，保住性命，却成了残废。桂林失陷，瞿式耜牺牲后，金堡深感南明抗清运动已是"流水落花春去也"，明朝的天已塌，再无回天之力，便绝意世事，削发为僧，"世所称澹归大师者是也"。这里应当提及，唐末农民起义领袖黄巢，兵败后，自杀于泰山下的虎狼谷，但到了宋代，便有人编造故事，说他"遁免后祝发为浮屠"，还居然"有诗云：三十年前草上飞，铁衣着尽着僧衣。天津桥上无人问，独倚危阑看落晖"（赵与时：《宾退录》）这自然是无中生有。释澹归未必不知此诗之伪，他的"老去已忘行止计，病来莫算安危账。是铁衣着尽着僧衣，堪相傍"。不过是借此诗句，抒发自己的无限感慨而已。"雨欲退，云不放。海欲进，江不让。"联系明清之际的兴亡史与释澹归曲折坎坷的人生，他此时此地吟哦《满江红》的心情，恐怕只有"隔江和泪听，满江长叹声"或许能形容于万一了。望长空，看世事，什么时候才能雨欲退，云即放，海欲进，江就让呢？真乃惆怅何之！

史学家、思想家王夫之在《永历实录》卷21《金堡列传》结尾，高度评价"堡文笔宕远深诣，诗铦刻高举，独立古今间，成一家言"。读了这首《满江红》，可见王夫之对金堡的赞扬，绝非虚誉。他的诗，编入《遍行堂集》，凡四卷，文十二卷。据清人叶廷琯《鸥陂渔话》记载，乾隆四十年（1775）被清官李璜告发，致使释澹归生前住的丹霞寺被焚，寺僧死者500多人，《遍行堂集》和金堡的其他著作《岭海焚余》等，均被付之一炬。而此时距释澹归圆寂已整整95年。乾隆四十四年，乾隆帝谕令凡金堡诗文"概从芟节"，"以杜谬妄"，金堡著作亦顿成残废矣。"雨欲退，云不放。海欲进，江不让"，竟至于斯，呜呼！

金生叹先生曰：释澹归的这首《满江红·大风泊黄巢矶下》，悲壮苍凉，读来可圈可点。有心人定能从中读出另一番滋味。当然，前提是要懂一点南明史。现在居然有研究清史的所谓学者，将艰苦卓绝、可歌可泣的南明抗清史一笔勾销，我看不过是睁着眼睛说瞎话罢了。

2005年4月11日

长啸·王孙·名妓

长啸

在古典诗文中，吟啸、长啸等屡见不鲜。苏东坡的《定风波》即有谓："莫听穿林打叶声，何妨吟啸且徐行。"元末社会动荡，造反者四起，温州一位陈姓小吏也扯起义旗，并作诗曰："仗剑一啸天地阔"，真乃不同凡响。在我心目中，岳飞千古绝唱《满江红》中的"抬望眼，仰天长啸，壮怀激烈"，更是留下了巨大震撼。闭目凝思，仿佛一腔愤火、壮怀激烈的抗金英雄岳飞，正仰天长啸，顶天立地，屹立在我们的面前。但是，谁能告诉我，古人怎么啸？特别是长啸？管窥所及，史籍上并无记载。倘强作解人，只能留下笑柄。前几年，金庸的武侠小说《笑傲江湖》被改编成电视剧，片头大侠的长啸是扯着脖子大叫"咦……呀！"，不伦不类，俨然是疯子的怪叫，令人莫名其妙。其实，古人的啸，至迟在明朝后期就已经失传。明末清初的著名文人余怀，在所著《东山谈苑》卷7写道："古今技艺中所不传者弹棋，声音中所不传者长啸，饮食中所不传者斫脍，武备中所不传者坑法、剑术。"可见，长啸早就失传了! 余怀，字澹心，生于明万历四十四年（1616），卒于清康熙年间。他的《板桥杂记》，记述南京文人、名妓的种种故实，文笔简朴、清丽，颇邀时誉。在余怀生活的年代，已不知长啸为何物了。这未免使人怅惘。但是，自古以来，有多少名画、古书、技艺失传？谁也说不清。外国也如此。谁能找到维纳斯失去的双臂？倘硬要新造两条臂，接上去，只能是大煞风景，破坏了人类遗产中的珍贵遗存。如此看来，长啸之类既已失传，无可奈何，就让我们在想象的空间里，任意去揣摩吧，倘硬要复原，只能是俗不可耐。而为复活古代珍品，甚至不惜伪造文物，欺世惑民，更是人所不齿也!

王孙

明初开国功臣徐达，堪称是千古奇才。他家世代务农，难得有机会读书识字。他22岁时投奔朱元璋，甚得朱元璋的喜爱。徐达不仅刚毅武勇，而且很有韬略，颇有全局观念。他率大军克镇江、苏州，严令将士"掠民财者死，毁民居者死，离营二十里者死"，故百姓"安堵如故"（《明史》卷125《徐达传》）。十分可贵的是，他挥师北上，直捣元朝的统治中心大都，元军望风披靡，"顺帝帅后妃太子北去"，逃往蒙古腹地。徐达曾建议朱元璋趁势追穷寇，消灭元顺帝的残余势力，但朱元璋不许，徐达只能跌足长叹："不穷追必为后日忧。"（查继佐：《罪惟录》列传卷8，上，《徐达传》）历史验证了徐达的话。元蒙的残余势力，后来成为北方严重的边患。洪武三年，徐达即封魏国公，朱元璋常宴请他，"有布衣兄弟称"，动辄说"徐兄功大"，备受恩宠。死后追封中山王，"赠三世皆王爵"，可谓生荣死荣。但是，武功盖世、为人谨慎、生活简朴的徐达，怎么也想象不出，在他身后，他的子孙是如何躺在其功荣簿上坐享荣华富贵的。

　　徐达有四子三女。长子辉祖一派留在南京，世袭魏国公。除冢子袭封外，其余子孙大多在南京都督府所属锦衣卫指挥司里任职或挂名，通称"锦衣"。辉祖有才气，亦善兵，朱棣谋反，他曾率军反抗。朱棣攻入南京，辉祖守着徐达的祠堂，拒绝迎驾。朱棣大怒，令吏捕之，供罪。辉祖仅书"其父开国勋及券中免死语"，可谓大义凛然，铁骨铮铮。朱棣大怒，削其爵位，禁闭家中。永乐五年，辉祖去世，直到万历时才恢复名誉，追赠太师，谥忠贞。由此可见，无论是徐达还是其长子辉祖，活得并不轻松。而他们的众多子孙，哪里知道先人的艰辛！诚然，其中也有个别人有所作为，而多数不过是锦衣玉食、恣情享乐之徒。他们在南京城内大造园林，据王世贞的《游金陵诸园记》所载，远在万历以前，徐达后裔所建园林，即让人目不暇接："染指名园，若中山王诸邸，所见大小凡十。若最大而雄爽者，有六锦衣之东园；清远者，有四锦衣之西园；次大而靓美者，魏公之南园，与三锦衣之北园，度必远胜洛中。"也就是说，远远超过历史上著名的洛阳名园。何以故？因为这些徐家的园林，集山、水、亭、台、花、木于一体，堪称江南山水的缩影，更何况洛阳的名园，历经战乱，早已化为冷烟寒灰。成化时的进士吴俨（字克温，宜兴人。1457—1519），在《饮魏国园亭》中，写了该园深秋的景色："台榭秋深百卉空，空庭惟有雁来红。曲池暗接秦淮北，小泾遥连魏阙东。富贵岂争金谷胜，文章不与建安同。上公亭馆无多地，犹有前人朴素风。"（《吴文肃摘稿》卷2）可见早期的徐园规模还比较小，尚有简朴之风。而到嘉靖、万历时，随着经济的高度发展，社会风气的奢靡日甚一日，徐家的园林，也随之愈益豪奢。嘉靖时吴县人张元凯在《金陵徐园宴集分得壶字二首》中写道："庐橘园千顷，葡萄酒百壶。溪声来远瀑，云影曳流苏。花落纷迎蚋，萍流曲引凫。主人能好客，当代执金吾。"（杭淮：《双溪集》卷4）从此诗可以想见徐园的规模、气势，是何等宏大。而嘉靖时的一位户部主事、无锡人王问（字子裕。1497—1576）的《宴徐将军园林作》，把徐氏后代在园林中大摆酒席、笙歌鼎沸、丽姬艳舞的情景，生动地记录下来："白日照名园，青阳改故姿。瑶草折芳径，丹梅发玉墀。主人敬爱客,置酒临华池。阶下罗众县,堂上弹青丝。广筵荐庶羞,艳舞催金厄。国家多闲暇,为乐宜及时。徘徊终永晏,不惜流景驰。"(钱谦益:《列朝诗集》丁集)到了明末,徐氏后人浑浑噩噩,醉生梦死。其中所谓"中山公子"徐青君,更是个"垮掉的一代"的典型。他家资巨万,广蓄姬妾,在大功坊侧造园,树石亭台,极一时之盛。每到夏天,在河滨置宴,选名妓侑酒,大宴宾客,"木瓜佛手,堆积如山,茉莉芝兰,芳香似雪。夜以继日,把酒酣歌,纶巾鹤氅,真神仙中人也"(余怀:《板桥杂记》下卷,《轶事》)。但曾几何时,这俨然神仙中人,一钱不值。明朝灭亡后,弘光小朝廷在南京苟且偷安,群小沐猴而冠。徐青君也混迹其中,"加中都府,督前驱班列,呵导入朝,愈荣显矣",似乎威风抖尽。但是,"曾恨红笺衔燕子,偏歌素扇染桃花"。随着清兵的渡江南下,弘光小朝廷迅速土崩瓦解,徐青君的家产被

钱谦益像。清人绘,纸本,设色。见《紫禁城》总第127期。

籍没，群姬雨散，他一身孑然，与乞丐为伍，潦倒到为人代杖——也就是代犯人让官府打自己的屁股。近代词曲泰斗吴梅，曾作《仙吕桂枝香·过明故宫》，抨击福王之流是"金盆狗矢"。矢者屎也。徐青君不就是一个活脱脱的金盆狗屎吗？这是徐达当年做梦也想不到的。

名妓

　　明代"三陪小姐"——也就是妓女，总数多少？不可确考。当时不设红灯区，但到处都是红灯区。常言道"婊子无情贼无义"，但也不可一概而论。贼且按下不表。以妓而言，明代之高智商者、有情有义者、忠于故国者，均有值得书上一笔、甚至大书特书者在。

　　明朝初年，朱元璋曾一度对妓女采取放任态度，于是，官妓、军妓成群结队，成了一大社会问题。刘基、解缙等谋士先后上奏，提出异议，朱元璋遂明令禁止文武官吏出入妓院。如果有谁胆敢违禁，不仅要问罪，更要对所狎之妓严惩。朱元璋的女婿——也就是所谓驸马爷欧阳伦（按：朱元璋共生十六个女儿，其中的安庆公主在洪武十四年下嫁欧阳伦，此人任都尉），是个横行不法的花花公子，有次召了四个妓女在一起饮酒，被人告发了。官府准备立即逮捕这些妓女。为首的妓女自知必死无疑，怕丢人现眼，便穿一身旧衣服，将自己的面孔弄得像猪八戒的奶奶似的，然后去投案自首。有个老吏知道这位姐们很有积蓄，便对她说："你若给我千金，我一定帮忙，包你免于一死。"该妓讨价还价，答应给他五百两银子，这在明初，是个大数目。这个老吏便帮她出点子，说："皇上洞察一切，难道还不知道干你们这一行的，向来十分奢侈？你这一身打扮，又怎么能瞒得过皇上？当心犯欺君之罪！你应该比平时打扮得更加漂亮。"妓女问："怎么打扮？"老吏答道："你好好洗个澡，然后用脂粉香膏擦遍全身，务使香气袭人，皮肤光滑如脂。首饰、衣服全部用珠宝、锦绣制成，连短裤也不例外，一定要穷尽妖艳，让人一看就夺目荡心。你能做到这一条，就万无一失。"此妓又问："审问我时，我该怎么回答？"老吏告诉她："什么话也甭说，不断哭就得了。"妓女一一照办。

朱元璋亲自审问这个妓女。他让妓女招供，妓女一声不吭，只是哭个不停。朱元璋大怒，对左右说："绑起斩首！"妓女从容不迫地解衣就缚，从外衣脱到内衣，一件件地丢在地上；但见满地珍宝，熠熠闪光，与锦衣绣服交相辉映，看得人眼花缭乱。当妓女脱光衣服，露出裸体后，只见肤色如玉，一阵阵香气袭人心脾。连朱元璋也看呆了！他十分感叹地说："这个小妮子，就是我见了，也会被迷住的。"当场下令把妓女轰出去了事。

这个故事，见于弘治年间大名鼎鼎的四才子（唐寅、文徵明、徐祯卿、祝允明）之一的祝允明（字枝山，以字闻，至今仍是民间家喻户晓的人物）所著《野记》（见《历代小史》丛书）。此事不见于其他史籍，很可能是江南地区的古老传闻。此时朱元璋已死去百年，老百姓在交谈中已让他走下神坛，渐渐将他还原成一个具有七情六欲的人。朱元璋对这位美妓的宽大发落，正是反映了他人性中美好的一面；或者说，百姓希望把朱元璋塑造成为这样有血有肉、也好色、至情至性的皇帝。至于这位妓女，处变不惊，表演得淋漓尽致，堪称是风月场中的杰出人才。

明英宗时的北京妓女高三，人称义娼。她面貌姣好，昌平侯杨俊一见倾心，遂成相好。后来杨俊捍卫北部边疆数年，远离高三，高三闭门谢客，等待杨俊归来。天顺元年（1457），英宗复辟，杨俊为奸臣石亨（？—1460）所忌，上疏诬称英宗被瓦剌围困陷土木堡时，杨俊坐视不救，朝廷命斩杨俊于市。临刑之日，杨俊的众多亲朋故旧，没有一个人到场，只有高三穿着素服，哀痛欲绝，并大呼："天乎，奸臣不死而忠臣死乎！"（《明·王锜：《寓圃杂记》卷7）候刑毕，高三用舌将杨俊的血污舔干净，用丝线将他的头与颈缝好，买棺安葬，自己也就悬梁自尽。她以悲壮的行动，表明了青楼女子也有重情重义者，为了不忘与杨俊的恩爱，她甘愿献出一切。

到了明末，清兵入关，明朝灭亡。与纷纷降清、指望成为清朝新贵的无耻官僚、文人形成鲜明对比的是，南京名妓李香君痛斥其情人侯朝宗立场动摇，毅然出家为尼，在庵中的青灯古佛旁终其余生。近年来南京一位史学家，经过多年研究、考察，终于找到了李香君的坟墓。又如名妓葛嫩，从良后，随其夫孙克咸抗清，在福建兵败被捕，清将想占有她，葛嫩大骂，"嚼舌碎，含血喷其面"（余怀：《板桥杂记》卷中），被清将当场杀死，孙克咸也随之壮烈殉国。抗战初，阿英曾将此事改编成话剧《葛嫩娘》，由吴永刚导演，唐若青演葛嫩，文坛前辈、明末四公子之一冒辟疆的后人冒舒湮演孙克咸。该剧于1939年10月在上海公演，对宣传爱国、抗日救亡，起了积极作用。至于名妓柳如是曾反对其夫降清，后来又筹集资金、秘密支持郑成功的海上抗清活动，更是广为人知。她们比法国著名小说《羊脂球》中的爱国名妓，有过之而无不及。她们的感人事迹，一样彪炳千秋。

金生叹先生曰：明初开国功臣徐达的末代子孙，堕落到那种地步，发人深思。其实，又岂仅仅是徐达的子孙如此下场？朱元璋子孙众多，到了万历二十三年，宗藩人数已达八万余人，他们不劳而获，享受种种封建特权，使明王朝背上了沉重的包袱。其中不学无术、腐化堕落、制造麻烦甚至动乱的，不知凡几。洪武三年（1370），朱元璋大封诸王，控制要害，分制海内，目的是为大明江山"广磐石之安"。在朱元璋看来，"龙生龙，凤生凤，老鼠的儿子打地洞"，他的子孙都是龙种，不会挖自己的墙脚，因此最靠得住。但历史事实终于粉碎了他的迷梦。且不说他死后不久，他临终前最担心的事发生了：其子朱棣谋反，夺了其孙建文帝的权，搞得天下大乱，鸡飞狗跳。在明末大乱中，他的子孙何尝起过半点屏藩作用！可见血统论早已休矣！谁还想将这种封建僵尸复活，肯定是对历史潮流的反动。

2005年7月1日

明宫春灯对良宵

　　文坛前辈阿英曾谓："灯市起始于汉，极盛在明。"
（《小说闲谈四种》第212页）诚哉斯言。至万历年间，随着
经济的发展，百工技艺烂熟，某些匠人制作的工艺品，有鬼
斧神工之妙。拿灯来说，陈大声的《朝天子·灯市》谓："画
屏灯浅色，绣球灯杂采，缀细巧悬丝带，金银宫阙锦楼台，
妆点出真堪爱。算日无多，撺行赶快，雨和风情意歹。价钱
又不抬，人心又懒买，须守到来年卖。"（路工：《明代歌曲
选》第11页）这首曲子不仅写出了制灯的精心，也写出了卖
灯的艰辛。当然，"人心又懒买"，是指贫苦的小民百姓而
言。面对达官公卿、富商大贾来说，一掷百金，购买佳灯，
寻常事也。万历时兰溪著名学者胡应麟曾在市上见到一灯，
"皆以卵壳为之，为灯、为盖、为带、为坠，凡计数千百枚。
每壳必开四门，每门必有榱桷窗楹，金碧辉耀，可谓巧绝。
然薄脆无用，不异凋冰画脂耳。悬价甚高，有中官以三百金
易去"（《甲乙剩言》，见《明人百家》第216页）。中官者，宦
官也。花300两银子买一个灯，不能不使人惊诧，宦官的豪

奢，于此不难想见。当然，这个卵壳灯是艺术极品，价格自然昂贵。

帝王位居九五，富有四海。明朝历代皇帝都很重视每年春节期间的灯市。朱棣迁都北京后，大体上从正月初八开始灯市，十五最盛，十七收。从早到晚都是市，百货杂陈，商贾如云，游人如织。至晚即张灯，形形色色，争奇斗艳。宫廷之内，也是张灯结彩，烟火耀眼。崇祯初年，在狱中的著名太监刘若愚回忆道："初九日之后，即有耍灯市，买灯，吃元宵……十五日曰上元，亦曰元宵。内臣宫眷皆穿灯景……灯市至十六更盛。天下繁华咸萃于此，勋戚内眷，登楼玩看，了不畏人……自十七日至十九日，御前安设各样灯尽撤之也。"（《酌中志》卷20）这是述其大概情形。天启时诗人蒋之翘在《天启宫词》中写道："九微列处御筵凭，队队笙歌拥赐罂。蜃炬龙膏空斗影，芙蓉开遍十三层。"（《明宫词》第61页）作者自注："上元，乾清宫寿皇殿安七宝牌坊及方园鳌山灯，有高极十三层者。"真是灯高如山，令人惊叹。而嘉靖时诗人薛蕙的《元夕篇》则谓："此时天子盛遨游，离宫别馆足风流。才开凤岛张灯架，更起鳌山结彩楼。彩楼岩崿鳌山侧，复道交衢对南北。万烛翻疑白日光，千灯却乱春星色。"（沈榜：《宛署杂记》第257页）此诗显然是描写明正德时宫中春灯情形，"万烛翻疑白日光，千灯却乱春星色"，堪称是有明一代宫中灯状的缩影。清康熙初年，有署名"花村君行侍者偶录"编的《谈往》一书，先收入丛书《说铃后集》，以后又有坊间刊本。阿英《杂考四题·灯市篇》（见《小说闲谈》）曾引该书的《前朝宫女篇》，述及明朝宫中灯景，殊为难得："元宵放灯，真珠灯有高大四五尺者，珠皆颗，重分许。华盖飘带，皆众宝所成，带下复缀以小珠。灯大尺许者四十九盏。宫中诸殿，殿各有数灯，虽与正殿稍杀，然贵重则不异也。自殿陛甬道，回旋数里，悉有石栏，栏有莲桩，桩各置琉璃灯，约数万盏。适宫女成群嬉戏，触坠十余盏，顷宦官即易去矣。"由此我们可以看出晚明宫灯数量之大、用料之昂贵，都是史所罕见的。所谓灯火，灯与烟火常常是联在一起的。前引蒋之翘《天启宫词》还曾述及宫中烟火状："鳌山灯火，出墀隅，蓬勃千枝万蕊荂。跪地金钱输喝彩，长明塔峙络珍珠。"作者自注："岁暮二十四日起，至正月十七止，每夕于乾清丹陛上扎烟火。时至二十之后，犹未绝也。有寿带、葡萄架、珍珠帘、长明塔等各色。"这个记载比较简略，万历时曾任宛平知县、后升任户部主事的沈榜，则具体记载谓："放烟火：用生铁粉杂硝、磺、灰等玩具，其名不一，有声者，曰响炮，高起者，曰起火。起火中带炮连声者，曰三级浪。不响不起，旋绕地上者，曰地老鼠。筑打有虚实，分量有多寡，因而有花草人物等形者，曰花儿。名几百种，其别以泥函者，曰砂锅儿。以纸函者，曰花筒。以筐函者，曰花盆。总之曰烟火云。勋戚家有集百巧为一架，分四门次第传热，通宵不尽，一赏而数百金者。"（《宛署杂记》第17卷，第190页）烟火至明末，堪称盛况空前。宫中的烟火，更是豪华至极。

明朝后期的灯，北方——包括京中，固然不乏有作坊、匠人制作。但京中所用特别精制的灯，还是从江南采购的。以苏州为代表的吴中地区的灯，制作之巧，冠于天下。时人张元凯有《咏吴市灯二十四韵》，谓："吴儿一何巧，能事匪师傅。剪彩千葩散，泥金四照联……芝盖如云集，珠球比月圆。幻将风里蝶，现出火中莲……兔捣姮娥傍，鸥栖菡萏边。冰壶寒莹魄，玉树暖生烟。"（《伐檀斋集》卷7）制灯如此之精，堪称巧夺天工。但是，这类高级的灯，多半是丝灯。正如时人姜绍书所言，"灯虽种种，唯料丝之光，皎洁晶莹，不啻明珠照乘"（《韵石斋笔谈》卷下。见谢国桢编《明代社会经济史料选编》上册，第300页）。而料丝制作极费事，也甚费钱。"以玛瑙、紫石英诸药品，捣为屑，煮腐如粉，然必市北方天花菜点之方凝。即缫为丝，织之如绢状。上绘山水人物诸色，极晶莹可爱。"（徐𤊹：《徐氏笔精》卷8。转引自前揭书）这还是记载的云南金齿制作料丝的情形，江南制作料丝状，未见记载，料想其工、其费，当有过之而无不及。

金生叹先生曰："好事为过必为殃。"灯市、烟火，民俗也，虽帝王之家，自亦不能免俗，他们也是人，同样在宫中"春灯儿女对良宵"。但是，如此奢靡，就明末宫中铺张的灯火而言，显然是矛盾交织、社会危机越来越严重的明王朝大厦将倾、油灯将尽的回光返照。"昨夜春灯方映月，来朝铁戟已沉沙。"历史有情也无情！

狗年初六书于老牛堂